MASTERING PASTA FATTA A MANO

100 RICETTE PER FARE PASTA FRESCA A MANO

SANDRA COLOMBO

Tutti i diritti riservati.

Disclaimer

Le informazioni contenute in questo eBook intendono servire come una raccolta completa di strategie su cui l'autore di questo eBook ha svolto ricerche. Riassunti, strategie, suggerimenti e trucchi sono solo raccomandazioni dell'autore e la lettura di questo eBook non garantisce che i propri risultati rispecchino esattamente i risultati dell'autore. L'autore dell'eBook ha compiuto ogni ragionevole sforzo per fornire informazioni aggiornate e accurate ai lettori dell'eBook. L'autore ei suoi associati non saranno ritenuti responsabili per eventuali errori o omissioni non intenzionali che potrebbero essere trovati. Il materiale contenuto nell'eBook può includere informazioni di terzi. I materiali di terze parti comprendono opinioni espresse dai loro proprietari. In quanto tale, l'autore dell'eBook non si assume alcuna responsabilità per materiale o opinioni di terzi.

L'eBook è copyright © 2021 con tutti i diritti riservati. È illegale ridistribuire, copiare o creare lavori derivati da questo eBook in tutto o in parte. Nessuna parte di questo rapporto può essere riprodotta o ritrasmessa in alcun modo riprodotta o ritrasmessa in qualsiasi forma senza l'autorizzazione scritta espressa e firmata dall'autore.

SOMMARIO

SOMMARIO 4

INTRODUZIONE 9

RICETTE DI IMPASTO 11

   1. Pasta all'uovo 12
   2. Pasta per ravioli 15
   3. Pasta di semola 18
   4. Pasta estrusa 21

PASTA A MANO 23

   5. Fusilli con cavolfiore arrosto 24
   6. Cavatelli integrali ai funghi 29
   7. Frascatelli con carbonara di mais dolce .. 33
   8. Cavatelli di ricotta con cozze 38
   9. Pici con pecorino e guanciale 43
   10. Capunti con calamari croccanti e burrata
.... 46
   11. Malloreddus con brasato di cervo 50
   12. Cecamariti, pancetta e bruxelles 55
   13. Trofie al pepe nero con vongole veraci 59
   14. Lorighittas con pomodori cimelio 63
   15. Orecchiette e polpette 67
   16. Maccheroni di busa con brasciole 72
   17. Gnocchetti con gamberi e pesto 77
   18. Ciciones con stufato di lenticchie 82
   19. Casarecce con carciofi e scamorza 84

20. Mezzi paccheri ai piselli ... 88
21. Strozzapreti con granchio ... 92

GNOCCHI E GNUDI ... 96

22. Gnudi di tuorlo d'uovo al tartufo ... 97
23. Gnocchi di zucca con pancetta ... 101
24. Gnocchi di patate dolci al prosciutto ... 106
25. Rampa di gnudi e grana padano ... 111
26. Gnocchi di barbabietola con ricotta di pecora ... 115
27. Gnocchi allo zafferano con astice in camicia ... 120
28. Gnocchi di patate arrosto con robiola ... 126
29. Gnudi di ceci con pomodori ... 132
30. Gnocchi verdi con fonduta di provolone ... 136
31. Gnocchi al limone con capesante ... 141

PASTA RIPIENA ... 146

32. Raviolo di polenta con guanciale ... 147
33. Mezzaluna di melanzane e pomodoro confit ... 152
34. Cappellacci di zucca e pere ... 158
35. Agnolotti di vitello al pecorino ... 163
36. Caramelle di prosciutto con fonduta ... 168
37. Anolini in brodo ... 173
38. Raviolini di piselli dolci al mascarpone ... 178
39. Ravioli a coste corte e sedano rapa ... 183
40. Triangoli di taleggio e ragù di maiale ... 189

41. Cappelletti Sunchoke con mele ·················· 195
42. Faggottini con gamberi e zucchine ··········· 199
43. Casonsei di carciofi e ricotta ················· 203
44. Tortelli di maiale e pastinaca con mele
·· 209
45. Scarpinocc di barbabietola e rosa ············ 214
46. Culurgiones con burro e mandorle ·········· 219
47. Ravioli di zucca con piselli ······················ 223

TAGLIARE LA PASTA ································· 227

48. Fettuccine ai cannolicchi ························ 228
49. Farfalle con pomodorini arrosto ············· 233
50. Tagliatelle primavera ······························ 237
51. Spaghetti alla chitarra e uovo in camicia
·· 241
52. Pappardelle e funghi alla bolognese ······· 247
53. Mafaldine al cacao con quaglie ··············· 252
54. Fettuccine alle erbe con cozze ················ 257
55. Pizzoccheri al grana padana ··················· 262
56. Tagliarini alle olive Cerignola ················· 267
57. Spaghetti cacio e pepe ···························· 271
58. Stracci di castagne con costine di maiale
·· 274
59. Garganelli alle erbe con carciofi ·············· 279
60. Cappellacci e caponata di melanzane ······ 285
61. Farfalle di inchiostro con polpo ·············· 289
62. Corzetti alla menta con salsiccia di
agnello ·· 294
63. Fazzoletti alle erbe con tonno ················· 299
64. Sorprese con zucca arrosto ····················· 303

PASTA AL FORNO ... 307

- 65. Lasagne alla ratatouille ... 308
- 66. Cannelloni di melanzane ... 313
- 67. Spinaci e taleggio rotolo ... 317
- 68. Cannelloni scarola e salsiccia ... 322
- 69. Timballo ... 327

SALSE DI PASTA ... 331

- 70. Sugo Di Pasta Al Limone ... 332
- 71. Pasta Nera al Gorgonzola ... 335
- 72. Sugo Sostanzioso Di Zucchine ... 338
- 73. Sugo Di Acciughe E Olive ... 342
- 74. Sugo Di Pasta Di Olive Nere ... 345
- 74. Salsa di pollo e pasta al mango ... 348
- 75. Sugo Di Broccoli ... 352
- 76. Sugo Di Pasta Base ... 355
- 77. Sugo di pasta fatto in casa facile ... 358
- 78. Sugo Di Pasta Agrumi ... 361
- 79. Pizza e Sugo di Pasta ... 364
- 80. Autentico Sugo Di Pasta Di Maiale ... 366
- 81. Sugo per pasta in 30 minuti ... 369
- 82. Sugo Di Pasta Di Carote ... 372
- 83. Sugo Di Carciofi Spinaci ... 375
- 84. Sugo Di Pasta Di Zucca ... 377
- 85. Sugo Di Pasta Ai Funghi ... 380
- I) Sugo Di Pasta Primavera ... 384
- 86. Salsa Alfredo Classica ... 387
- 87. Pollo E Sugo Di Pasta ... 390
- 88. Sugo Di Pasta Di Cocco, Zucca ... 393

89. Salsa Di Olio D'Oliva E Peperoni Rossi 396
90. Salsa di pasta casalinga 398
91. Manzo Lo Mein 402
92. Pasta alla puttanesca in una pentola ... 406
93. Sugo Di Pasta Di Pollo 409
94. Sugo Di Fichi Freschi E Prosciutto 412
95. Sugo Di pasta feta e pancetta 415
96. L'amnesia della pasta 418
97. Sugo Di Pasta Con Pancetta 421
98. Sugo Di Pasta Al Pomodoro Verde 424
99. Salsa di avocado per la pasta 427
100. Sugo di Calcutta 430

CONCLUSIONE 433

INTRODUZIONE

Fare la pasta fresca fatta in casa non deve essere per forza noiosa! Tutto ciò di cui hai bisogno è un po' di farina, uova e un po' di forza del braccio mentre impasti tutto insieme: non sono necessari robot da cucina o un'impastatrice elaborata. E una volta che il tuopasta è pronto, bastano 2-3 minuti di cottura prima di poter aggiungere la salsa, cospargere il formaggio e aprire il vino.

Indipendentemente dalla ricetta, il processo per fare l'impasto è lo stesso: mescolando lentamente il liquido alla farina per idratarla mentre mescoli. Disporre la farina a forma di vulcano, cioè un cumulo con un cratere al centro, su una superficie di lavoro piana o in una ciotola ampia e poco profonda. Aggiungere gli ingredienti liquidi nel cratere e rompere i tuorli delle uova (se utilizzate) con i rebbi di una forchetta. Sbattere lentamente il liquido nella farina, lavorando dal centro verso l'esterno. Poi, quando l'impasto è troppo sodo per poterlo amalgamare con una forchetta, usate le mani per amalgamare il tutto.

Le macchine per la pasta elettriche eliminano il fabbisogno muscolare dal tuo impasto fatto in casa; dopo aver aggiunto gli ingredienti nella camera, la macchina fa tutto l'impasto per te, il che può sembrare una scorciatoia utile per chi non ha forza dell'avambraccio. Ma secondo la maggior parte degli chef, fare la pasta senza attrezzature è più facile di quanto si pensi e più infallibile, producendo risultati coerenti e meglio incorporati.

Tecnicamente parlando, riunire l'impasto a mano prima di impastarlo significa che ogni volta otterrai un impasto ben bilanciato. Questo aiuta a tenere conto delle variabili nel tuo impasto che potrebbero renderlo più sciolto o più asciutto anche quando segui la stessa ricetta, come la marca di farina AP che usi o la dimensione delle tue uova.

RICETTE DI IMPASTO

1. Pasta all'uovo

RESA 1 LB 7 OZ (650 G)

ingredienti

- 2 tazze (254 g) di farina 00
- 1 cucchiaino (5 g) di sale kosher
- 20 tuorli d'uovo
- 2 cucchiaini (10 ml) di olio extravergine di oliva

Indicazioni

a) Per preparare l'impasto all'uovo, su un piano di lavoro asciutto, impastare la farina 00 e il sale. Forma un cumulo di circa 25 cm di diametro.

b) Aiutandovi con le mani, create una fontana al centro del composto di farina e sale. Versare lentamente al centro i tuorli d'uovo e l'olio e sbattere delicatamente. A poco a poco lavorate la farina usando le dita o una forchetta.

c) Unire la farina, i tuorli d'uovo e l'olio fino a quando non saranno completamente incorporati. Se l'impasto si attacca al

piano di lavoro, aggiungi un po' di farina.
Se l'impasto sembra asciutto, spruzzare
un po' d'acqua per legarlo insieme.

d) Una volta che l'impasto avrà formato una palla, iniziate ad impastarlo spingendo con il palmo della mano e ruotandolo. Impastare l'impasto per circa 10-15 minuti. L'impasto ha avuto un impasto sufficiente quando ha un aspetto liscio e rinasce quando lo si preme.

e) Avvolgere bene l'impasto con pellicola trasparente e lasciare riposare per almeno 30 minuti a temperatura ambiente prima di utilizzarlo. Se non utilizzate subito l'impasto, mettetelo in frigorifero.

2. Pasta per ravioli

RESA 2 LB (908 G)

ingredienti

- 4 tazze (508 g) di farina 00
- 1 cucchiaino (5 g) di sale kosher
- 5 uova
- 6 tuorli d'uovo

Indicazioni

a) Per preparare l'impasto dei ravioli, su un piano di lavoro asciutto, impastare la farina 00 e il sale. Forma un cumulo di circa 25 cm di diametro.

b) Aiutandovi con le mani, create una fontana al centro del composto di farina e sale. Versare lentamente al centro le uova e i tuorli e sbattere delicatamente. A poco a poco lavorate la farina usando le dita o una forchetta.

c) Unire la farina e le uova fino a quando tutto sarà completamente incorporato. Se l'impasto si attacca al piano di lavoro, aggiungi un po' di farina. Se l'impasto

sembra asciutto, spruzzare un po'
d'acqua per legarlo insieme.

d) Una volta che l'impasto avrà formato una palla, iniziate ad impastarlo spingendo con il palmo della mano e ruotandolo. Impastare l'impasto per circa 10-15 minuti. L'impasto ha avuto un impasto sufficiente quando ha un aspetto liscio e rinasce quando lo si preme.

e) Avvolgere bene l'impasto con pellicola trasparente e lasciare riposare per almeno 30 minuti a temperatura ambiente prima di utilizzarlo. Se non utilizzate subito l'impasto, mettetelo in frigorifero.

3. Pasta di semola

RESA 1 LB (454 G)

ingredienti

- 1 tazza (168 g) di farina di semola
- 1 tazza (127 g) di farina 00
- 1 cucchiaio (10 g) di sale kosher
- ¾ tazza (178 ml) di acqua tiepida

Indicazioni

a) Per preparare l'impasto di semola, unire le farine e il sale e metterlo su un piano di lavoro asciutto. Forma un cumulo di circa 25 cm di diametro. Aiutandovi con le mani, create una fontana al centro del composto di farina e sale. Versare lentamente al centro l'acqua e lavorare gradualmente la farina aiutandosi con le dita o una forchetta.

b) Unire la farina e l'acqua fino a quando non sarà completamente incorporata. Se l'impasto si attacca al piano di lavoro, aggiungi un po' di farina. Se l'impasto sembra asciutto, spruzzare un po' d'acqua per legarlo insieme.

c) Una volta che l'impasto avrà formato una palla, iniziate ad impastarlo spingendo con il palmo della mano e ruotandolo. Lavorare l'impasto per circa 10 minuti. L'impasto ha avuto un impasto sufficiente quando ha un aspetto liscio e rinasce quando lo si preme.

d) Avvolgere bene l'impasto con pellicola trasparente e lasciare riposare per almeno 30 minuti a temperatura ambiente prima di utilizzarlo. Se non utilizzate subito l'impasto, mettetelo in frigorifero.

4. Pasta estrusa

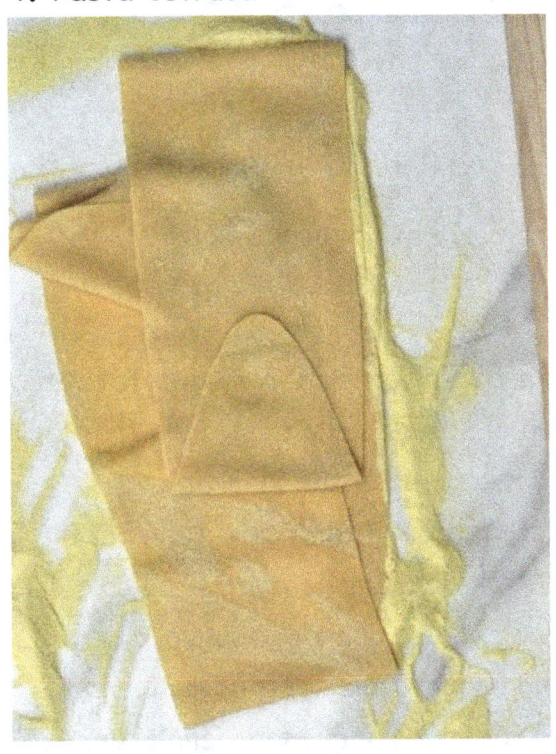

RESA 1 LB (454 G)

ingredienti

- 2 tazze (336 g) di farina di semola
- ½ tazza (118 ml) di acqua tiepida

Indicazioni

a) Per fare l'Impasto Estruso, mettete la farina di semola nella base della trafila. Con il mixer in funzione, iniziate a versare lentamente l'acqua nella base con la farina. L'impasto è pronto per essere estruso quando assomiglia a sabbia bagnata. Sembrerà friabile e dovrebbe aderire quando viene premuto tra le dita.

b) Estrudere la pasta secondo le indicazioni del produttore per la macchina o l'accessorio.

PASTA A MANO

5. Fusilli con cavolfiore arrosto

SERVI 4-6

ingredienti
- Pasta Di Semola
- 1 cavolfiore grande, tagliato a pezzetti
- Olio d'oliva
- 1 spicchio d'aglio, affettato sottilmente
- Peperone rosso tritato, a piacere
- Sale kosher
- Pepe nero appena macinato
- 1 pagnotta di pane fresco italiano, tagliato a pezzi da ½ pollice (12 mm).
- Olio d'oliva
- 1 cucchiaino di condimento italiano essiccato
- ¼ tazza (45 g) di Parmigiano-Reggiano grattugiato
- Olio d'oliva
- 1 barattolo (45 g) di acciughe, tritate grossolanamente

- 1 limone, succo e scorza
- Prezzemolo, tritato

Indicazioni

a) Preriscaldare il forno a 204°C e spolverare due teglie con farina di semola.

b) Per fare i fusilli, tagliate un pezzetto di pasta di semola e coprite il resto della pasta con pellicola trasparente. Arrotolare il pezzo di pasta in una corda spessa circa 6 mm. Taglia dei pezzi di pasta da $2\frac{1}{2}$ pollici (6,4 cm) dalla corda. Mettere un pezzo di pasta tagliato in diagonale e posizionare lo spiedino nella parte inferiore del pezzo di pasta, quindi arrotolare lo spiedino lontano da sé fino a quando l'impasto non è tutto avvolto attorno ad esso. Non premere forte o l'impasto si attaccherà allo spiedo. Sfilare delicatamente la pasta dallo spiedo e adagiarla sulla teglia spolverata di semola. Lasciare scoperto fino al momento della cottura.

c) Saltare i pezzi di cavolfiore tagliati in una ciotola con olio d'oliva, aglio affettato, peperoncino tritato, sale e pepe nero appena macinato. Disporre su una teglia e cuocere per circa 25 minuti o fino a quando saranno teneri.

d) Per il pangrattato, disporre il pane italiano tagliato su una teglia e condire con olio d'oliva, condimento italiano essiccato, Parmigiano-Reggiano grattugiato, sale e pepe nero appena macinato. Cuocere per circa 10 minuti o fino a quando non risulteranno croccanti. Mettere il pane in un robot da cucina e frullare fino a quando non sarà appena macinato.

e) Portare a bollore una pentola capiente di acqua salata.

f) Nel frattempo, in una padella capiente, a fuoco medio, aggiungete un filo d'olio d'oliva, le acciughe tritate, il cavolfiore e il succo di limone. Mescolare per unire e tenere in caldo mentre la pasta cuoce.

g) Immergi i fusilli nell'acqua bollente e cuocili al dente, circa 4-5 minuti. Aggiungere i fusilli nella padella con il cavolfiore e mescolare per amalgamare. Condire con sale e pepe macinato al momento.

h) Per servire, dividere la pasta nelle ciotole. Guarnire con la scorza di limone, il pangrattato e il prezzemolo tritato.

6. Cavatelli integrali ai funghi

SERVI 4-6

ingredienti
- 1 tazza (168 g) di farina di semola
- 1 tazza (120 g) di farina integrale
- 1 cucchiaio (10 g) di sale kosher
- ¾ tazza (178 ml) di acqua tiepida
- 227 g di formaggio di capra
- ¼ di tazza (59 ml) di panna
- Olio d'oliva
- 1 bulbo di finocchio, affettato sottilmente, riservare le fronde per guarnire
- 680 g di funghi selvatici
- Sale kosher
- Pepe nero appena macinato
- 1 tazza (237 ml) di vino bianco

Indicazioni
a) Spolverate due teglie con farina di semola.

b) Per fare l'impasto, seguire le istruzioni per Pasta Di Semola. Per fare i cavatelli, tagliate un pezzetto di pasta integrale e coprite il resto della pasta con pellicola trasparente. Con le mani, arrotola il pezzo di pasta in una corda spessa circa 1/16 di pollice (12 mm). Taglia dei pezzi di pasta da 1 pollice (2,5 cm) dalla corda. Usando un coltello da burro o un raschietto da banco, premere con decisione sul bordo dell'impasto e trascinare il coltello lontano da sé, lasciando che l'impasto si arricci su se stesso. Disporre i cavatelli sulla teglia spolverata di semola e lasciarli scoperti fino al momento della cottura.

c) Per fare la crema di formaggio di capra, in una ciotola, aggiungere il formaggio di capra e la panna. Sbatti fino a quando non è ben amalgamato e liscio.

d) In una larga padella antiaderente, a fuoco vivo, aggiungete un filo d'olio d'oliva, il finocchio, i funghi di bosco, il sale e una macinata di pepe fresco. Cuocere per circa 6 minuti o fino a

quando i finocchi e i funghi si saranno caramellati, mescolando spesso.
Aggiungere il vino bianco e farlo ridurre della metà.

e) Portare a bollore una pentola capiente di acqua salata. Immergi i cavatelli nell'acqua bollente e cuocili al dente, per circa 4-5 minuti. Aggiungere i cavatelli nella padella con il finocchio caramellato e i funghi. Mescolare per unire.

f) Per servire, dividere la pasta nelle ciotole. Guarnire con crema di formaggio di capra e fronde di finocchio.

g) Arrotolare l'impasto in una corda spessa circa $\frac{1}{2}$ pollice (1,3 cm) e tagliarla in pezzi da 1 pollice (2,5 cm).

h) Usando un raschietto da banco, premere con decisione sul bordo dell'impasto.

i) Trascina il raschietto da banco lontano da te permettendo all'impasto di arricciarsi.

7. Frascatelli con carbonara di mais dolce

SERVI 4-6

ingredienti

- 2 tazze (472 ml) di acqua
- 4 tazze (672 g) di farina di semola
- 3 tazze (711 ml) di latte intero
- 1 mazzetto di timo
- 4 pannocchie di mais, private dei chicchi e messe da parte
- 3 uova
- Olio d'oliva
- ¼ di tazza (58 g) di burro non salato
- 3 porri, affettati
- Sale kosher
- Pepe nero appena macinato
- 113 g di lardo, tagliato a pezzi da 6 mm
- ½ tazza (90 g) di Parmigiano-Reggiano grattugiato
- Erba cipollina, affettata sottilmente

Indicazioni

a) Per fare i frascatelli, riempite una ciotola con acqua fredda. Foderate una teglia con carta da forno e mettete la farina di semola su un'altra teglia. Immergi la punta delle dita nell'acqua e lascia che le gocce d'acqua cadano sulla padella con la semola. Utilizzando un raschietto da banco, capovolgere delicatamente la semola su se stessa per creare dei pezzi di pasta irregolari delle dimensioni di un ciottolo. Utilizzando il raschietto da banco, trasferire la farina di semola con i pezzi di pasta in un setaccio. Scuotere delicatamente il setaccio, facendo ricadere la semola sulla teglia e lasciando i frascatelli. Trasferite i frascatelli nella teglia foderata di carta da forno. Continuare il processo fino a quando rimane pochissima semola. Riponete i frascatelli in congelatore fino al momento dell'uso. Questo assicura che la pasta non si sfaldi durante la cottura.

b) In una pentola di media grandezza, a fuoco medio-basso, aggiungete il latte intero, il timo e le pannocchie. Portare a bollore e lasciar cuocere per circa 30 minuti. Scartare le pannocchie e passare il latte al setaccio. Lasciare raffreddare il latte, quindi aggiungere le uova e sbattere fino a quando non saranno ben amalgamate.

c) Portare a bollore una pentola capiente di acqua salata.

d) In una larga padella antiaderente, a fuoco vivo, aggiungete un filo d'olio d'oliva, il burro, il mais, i porri, il sale e una macinata di pepe fresco. Cuocete per circa 5 minuti, mescolando spesso, fino a quando saranno morbide. Ridurre il calore al minimo.

e) Immergi i frascatelli nell'acqua bollente e cuocili finché non vengono a galla, circa 1-3 minuti.

f) Aggiungere i frascatelli e il lardo nella padella con il mais e i porri. Mescolare per unire e togliere dal fuoco.

Lentamente e mescolando continuamente, inizia a incorporare il composto di uova e latte nella padella finché non si addensa, circa 2 minuti. Unite il Parmigiano-Reggiano grattugiato e fate insaporire.

g) Per servire, dividere la pasta nelle ciotole. Guarnire con erba cipollina e pepe nero appena macinato.

8. Cavatelli di ricotta con cozze

SERVI 4–6

ingredienti

- 1 tazza (227 g) di ricotta
- 1½ tazze (191 g) di farina 00
- 2 uova
- Sale kosher
- Pepe nero appena macinato
- Olio d'oliva
- 1 scalogno, affettato
- 1 spicchio d'aglio, tritato
- 1 bulbo di finocchio, tagliato a metà, affettato, le fronde messe da parte
- Peperone rosso tritato, a piacere
- 3 libbre (1,4 kg) di cozze, strofinate
- 1 limone, succo e scorza
- ¼ di tazza (59 ml) di vermouth secco
- ¼ di tazza (58 g) di burro non salato
- Sale kosher

- Pepe nero appena macinato
- 1 filone di pane italiano, affettato
- Olio d'oliva
- Ricotta

Indicazioni

a) Spolverate due teglie con farina di semola.

b) Per fare l'impasto, unire in una ciotola la ricotta, la farina, le uova, il sale e il pepe macinato fresco. Amalgamate bene fino ad incorporarlo bene e mettetelo su un piano di lavoro leggermente infarinato. Impastare per circa 5 minuti. Per fare i cavatelli, tagliate un pezzetto di pasta di ricotta e coprite il resto con pellicola trasparente. Con le mani, arrotola il pezzo di pasta in una corda spessa circa $\frac{1}{2}$ pollice (12 mm). Taglia dei pezzi di pasta da 1 pollice (2,5 cm) dalla corda. Usando un coltello da burro o un raschietto da banco, premere con decisione sul bordo dell'impasto e trascinare il coltello lontano da sé, lasciando che l'impasto si arricci su se stesso. Disporre i cavatelli su una teglia infarinata e lasciarli scoperti in frigorifero fino al momento della cottura.

c) Portare a bollore una pentola capiente di acqua salata.

d) Per cuocere a vapore le cozze, in una pentola a fuoco vivo, aggiungere un filo d'olio d'oliva, lo scalogno, l'aglio, il finocchio e il peperoncino tritato. Cuocete per circa 2 minuti o fino a quando non saranno morbide. Quindi aggiungere le cozze, il succo di limone, la scorza, il vermouth, il burro, il sale e una macinata di pepe fresco. Coprire e cuocere fino a quando le cozze non si aprono, da 3 a 5 minuti circa

e) Nel frattempo, tuffate i cavatelli nell'acqua bollente e cuoceteli finché non vengono a galla, circa 2-4 minuti. Condire il pane italiano affettato con olio d'oliva e grigliare in forno per circa 1 minuto per lato o fino a doratura.

f) Unite i cavatelli alle cozze e mescolate per amalgamare.

g) Per servire, dividere la pasta e le cozze nelle ciotole. Guarnire con una fetta di pane italiano croccante, olio d'oliva, fronde di finocchio e qualche cucchiaiata di ricotta.

9. Pici con pecorino e guanciale

SERVI 4–6

ingredienti

- Pasta Di Semola

- 454 g di guanciale, tagliato a pezzi da $\frac{1}{2}$ pollice (12 mm)

- Olio d'oliva

- Pepe nero appena macinato

- Pecorino Romano, da grattugiare

Indicazioni

a) Spolverate due teglie con farina di semola.

b) Per fare i pici, tagliate un pezzetto di pasta di semola e coprite il resto della pasta con pellicola trasparente. Con le mani, arrotola il pezzo di pasta in una corda spessa circa 6 mm. Taglia dei pezzi di pasta da 6 pollici (15 cm) dalla corda. È normale che i pici siano di lunghezza e spessore irregolari. Disporre i pici sulla teglia spolverata di semola e lasciarla scoperta fino al momento della cottura.

c) Portare a bollore una pentola capiente di acqua salata.

d) Nel frattempo, in una padella capiente, a fuoco medio-alto, cuocete il guanciale fino a quando non sarà croccante e sgrassato, circa 5 minuti. Immergete i pici nell'acqua bollente e cuoceteli al dente, circa 3-5 minuti. Unite i pici al guanciale e mescolate per amalgamare.

e) Per servire, dividete i pici nelle ciotole. Guarnire con un filo d'olio d'oliva, pepe nero macinato fresco e pecorino romano grattugiato.

10. Capunti con calamari croccanti e burrata

SERVI 4-6

ingredienti
- Pasta Di Semola
- Olio vegetale, per friggere
- 1 tazza (125 g) di farina per tutti gli usi
- 1 tazza (168 g) di farina di semola
- 1 tazza (170 g) di farina di mais
- Sale kosher
- 454 g di calamari, tagliati ad anelli da $\frac{1}{2}$ pollice (12 mm).
- Olio d'oliva
- 2 spicchi d'aglio, affettati
- 2 libbre (907 g) di cavolo nero
- Sale kosher
- Pepe nero appena macinato
- 113 g di burrata
- Prezzemolo italiano a foglia piatta, tritato

- 1 limone, succo e scorza

Indicazioni

a) Spolverate due teglie con farina di semola.

b) Per fare i capunti, tagliate un pezzetto di pasta di semola e coprite il resto con pellicola trasparente. Con le mani, arrotola il pezzo di pasta in una corda spessa circa $\frac{1}{2}$ pollice (12 mm). Taglia dei pezzi di pasta da 2 pollici (5 cm) dalla corda. Usando tre dita, premi con decisione sull'impasto, trascinandolo sul piano di lavoro verso il tuo corpo. Disporre i capunti sulla teglia spolverata di semola e lasciarla scoperta fino al momento della cottura.

c) Portare a bollore una pentola capiente di acqua salata.

d) Per preparare i calamari croccanti, scaldare l'olio in una pentola o in una friggitrice a 204°C. In una ciotola, unire la farina per tutti gli usi, la semola, la farina di mais e il sale. Lavorando in lotti, passate i calamari nel composto secco, scrollando via l'eccesso prima di immergerli nell'olio riscaldato. Friggere fino a doratura, circa 2 minuti. Togliere dall'olio e mettere su una teglia foderata di carta assorbente. Aggiustate di sale.

e) Immergete i capunti nell'acqua bollente e cuoceteli al dente, da 3 a 5 minuti circa

f) Nel frattempo, in una padella a fuoco medio-alto, aggiungere un filo di olio d'oliva, aglio e cavolo cappuccio. Condite con sale e pepe nero appena macinato. Aggiungere i capunti cotti e far insaporire.

g) Per servire, dividere la pasta nei piatti. Aggiungere in ogni ciotola un po' dei calamari croccanti e guarnire con la burrata, il prezzemolo tritato, l'olio d'oliva, il succo di limone e la scorza grattugiata.

11. Malloreddus con brasato di cervo

SERVI 4-6

ingredienti

- Olio d'oliva
- Spalla o stinco di cervo da 4 libbre (1,8 kg).
- Sale kosher
- Pepe nero appena macinato
- 1 carota, tagliata a dadini
- 1 gambo di sedano, tagliato a dadini
- 2 cipolle, tagliate a dadini
- 1 spicchio d'aglio, tritato
- 3 cucchiai (48 g) di concentrato di pomodoro
- 1 tazza (237 ml) di vino rosso
- 3 tazze (711 ml) di brodo di manzo
- 3 rametti di timo
- 1 foglia di alloro
- 1 cucchiaino di bacche di ginepro

- Pasta Di Semola
- Sale kosher
- Pepe nero appena macinato
- Prezzemolo italiano a foglia piatta, tritato

Indicazioni

a) Preriscaldare il forno a 350°F (177°C). Per brasare la carne di cervo, scaldare un grande forno olandese con olio d'oliva a fuoco alto. Condire generosamente la carne di cervo con sale e pepe macinato fresco. Aggiungere la carne di cervo nella padella e cuocere fino a doratura, circa 2 o 3 minuti per lato. Eliminate la carne di cervo e tenetela da parte.

b) Ridurre il fuoco a medio e aggiungere la carota, il sedano, le cipolle e l'aglio e cuocere finché non iniziano a dorarsi, circa 5 minuti. Aggiungere il concentrato di pomodoro e cuocere per circa 2 minuti, mescolando spesso per non farlo bruciare.

c) Aggiungere il vino rosso, il brodo di carne, il timo, l'alloro e le bacche di ginepro e portare a bollore. Rimetti la carne di cervo nella pentola e copri. Mettere in forno e cuocere per circa 1 ora e mezza o fino a quando la carne è tenera.

d) Per fare i malloreddus, spolverate 2 teglie con farina di semola e tenete da parte. Tagliare un pezzetto di pasta di semola e coprire il resto dell'impasto con pellicola trasparente. Con le mani, arrotola il pezzo di pasta in una corda spessa circa $\frac{1}{2}$ pollice (12 mm). In sbieco, taglia dei pezzi di pasta da $\frac{1}{2}$ pollice (12 mm) dalla corda.

e) Con il pollice, fai pressione solo sulla metà superiore del pezzo di pasta con il lato del pollice, quindi premi e spingi verso il fondo di una grattugia per formaggio. Disporre i malloreddus sulle teglie spolverate di semola e lasciarli scoperti fino al momento della cottura.

f) Quando la carne di cervo è cotta, toglierla dalla pentola e filtrare il liquido di brasatura. Scartare le verdure e le erbe aromatiche. A fuoco medio, fate sobbollire il liquido della brasatura finché non si sarà ridotto di più della metà e si sarà addensato. Tagliate a striscioline la carne di cervo e rimettetela nella pentola con il liquido di brasatura. Tenere caldo.

g) Portare a bollore una pentola di acqua salata. Nel frattempo, in una padella capiente, a fuoco basso, aggiungete un filo d'olio d'oliva e un po' di cacciagione brasata. Immergete la pasta nell'acqua bollente e cuocetela al dente, circa 4-6 minuti. Aggiungere la pasta cotta e un po' dell'acqua della pasta alla carne di cervo. Mescolare e condire con sale e pepe nero appena macinato.

h) Per servire, dividere la pasta e la carne di cervo nelle ciotole. Guarnire con prezzemolo tritato.

12. Cecamariti, pancetta e bruxelles

SERVI 4-6

ingredienti

- 1 cucchiaino (4 g) di lievito istantaneo
- ½ tazza (118 ml) di acqua tiepida
- ⅛ tazza (15 g) di farina di frumento
- ¾ tazza (95 g) di farina 00
- ½ cucchiaino (3 g) di sale kosher
- Olio d'oliva
- 227 g di pancetta, tagliata a cubetti da ½ pollice (12 mm)
- 454 g di cavoletti di Bruxelles, dimezzati
- 3 spicchi d'aglio, affettati
- Sale kosher
- Pepe nero appena macinato
- 16 fichi neri della missione, squartati
- ¼ tazza (43 g) di nocciole tritate, tostate
- Aceto balsamico

Spolverate due teglie con farina 00.

Indicazioni

a) Per preparare l'impasto, unire il lievito e l'acqua tiepida in una ciotola e lasciare riposare per circa 5 minuti. Quindi aggiungere le farine e il sale nella ciotola e mescolare fino a quando l'impasto non si unisce. Lasciare riposare l'impasto per circa 15 minuti, coperto. Su una superficie leggermente infarinata, impastare delicatamente l'impasto. Riponete l'impasto in una ciotola unta d'olio e coprite. Lasciare riposare l'impasto per circa 1 ora.

b) Per fare i cecamariti, tagliate un pezzetto di impasto e coprite il resto dell'impasto con della pellicola trasparente. Con le mani, arrotola il pezzo di pasta in una corda spessa circa $\frac{1}{2}$ pollice (12 mm). Taglia dei pezzi di pasta da $\frac{1}{2}$ pollice (12 mm) dalla corda. Usando le dita, inizia a far rotolare il pezzo avanti e indietro fino a quando non è lungo circa 2 pollici (5 cm) e ha una forma simile a un fuso. Disporre i cecamariti su una teglia spolverata di farina e lasciarla scoperta fino al momento della cottura.

c) Portare a bollore una pentola capiente di acqua salata.

d) Per arrostire i cavolini di Bruxelles, in una padella ampia a fuoco vivo, aggiungere un filo d'olio d'oliva, la pancetta, i cavolini di Bruxelles e l'aglio e condire con sale e pepe nero appena macinato. Soffriggere finché non è tenero; tenere caldo.

e) Immergi i cecamariti nell'acqua bollente e cuocili finché non vengono a galla, per circa 1 o 3 minuti. Aggiungere nella padella con i cavolini di Bruxelles e far saltare per unire.

f) Per servire, dividere la pasta nelle ciotole. Guarnire con fichi, nocciole e un filo di aceto balsamico.

13. Trofie al pepe nero con vongole veraci

SERVI 4-6

ingredienti

- Pasta Di Semola

- 2 cucchiai (12 g) di pepe nero appena macinato

- Olio d'oliva

- 1 bulbo di finocchio, tagliato a metà, affettato sottilmente

- 3 spicchi d'aglio, tritati

- 1 scalogno, affettato

- 8 oz (227 g) salsiccia italiana dolce, rimossa dal budello

- Vongole a collo stretto da 4 libbre (1,8 kg).

- 1 limone, succo e scorza

- 1 tazza (237 ml) di vino bianco

- ¼ di tazza (58 g) di burro non salato

- Sale kosher

- Pepe nero appena macinato

Indicazioni

a) Spolverate due teglie con farina di semola.

b) Per preparare l'impasto al pepe nero, seguire le istruzioni per l'impasto di semola, incorporando il pepe nero con gli ingredienti secchi.

c) Per fare le trofie, tagliate un pezzetto di pasta al pepe nero e coprite il resto della pasta con pellicola trasparente. Con le mani, arrotola il pezzo di pasta in una corda spessa circa 6 mm. Taglia dei pezzi di pasta da $\frac{1}{2}$ pollice (12 mm) dalla corda. Con le mani, uno alla volta, arrotola i pezzi in corde spesse circa 3 mm e lunghe 7,6 cm. Usando il lato della mano o un raschietto da banco posizionato ad angolo rispetto all'impasto, premere con decisione sul bordo e trascinare verso il proprio corpo. Questo darà alle trofie la sua forma a spirale. Adagiate le trofie sulle teglie spolverate di semola e lasciatele scoperte fino al momento della cottura.

d) Portare a bollore una pentola capiente di acqua salata.

e) Per cuocere a vapore le vongole, in una pentola a fuoco vivo, aggiungere un filo di olio d'oliva, finocchio, aglio e scalogno. Cuocete per circa 2 minuti o fino a quando non saranno morbide. Aggiungere la salsiccia, rompendola nella pentola. Cuocere fino a doratura. Quindi aggiungere le vongole, il succo di limone, la scorza, il vino bianco, il burro, il sale e una macinata di pepe. Coprire e cuocere fino a quando le vongole non si aprono, da 5 a 7 minuti circa.

f) Nel frattempo tuffate le trofie nell'acqua bollente e cuocetele al dente, da 1 a 3 minuti circa. Aggiungere la pasta nella pentola con le cozze e mescolare per amalgamare.

g) Per servire, dividere la pasta e le vongole nelle ciotole.

14. Lorighittas con pomodori cimelio

SERVI 4-6

ingredienti
- Pasta Di Semola
- Olio d'oliva
- 227 g di pomodori cimelio, tagliati a pezzi
- 1 spicchio d'aglio, affettato sottilmente
- 'nduja da 4 once (113 g).
- Sale kosher
- Pepe nero appena macinato
- $\frac{1}{4}$ di tazza (45 g) di olive nere sott'olio, denocciolate e tritate
- Basilico

Indicazioni

a) Spolverate due teglie con farina di semola.

b) Per fare le lorighittas, tagliate un pezzetto di pasta e coprite il resto con della pellicola trasparente. Con le mani, arrotola il pezzo di pasta in una corda spessa circa 1,5 mm. Con le mani, avvolgi la corda attorno a tre dita (indice, medio, anello) della tua mano destra per due volte. Pizzicare l'impasto avvolto in modo che aderisca a se stesso. Ora, con l'impasto intorno alle dita, inizia a intrecciarlo insieme per creare una treccia attorcigliata. Disporre le lorighittas su una teglia spolverata di semola e lasciarla scoperta fino al momento della cottura.

c) Portare a bollore una pentola capiente di acqua salata.

d) Nel frattempo, in una padella capiente, a fuoco medio-alto, aggiungete un filo d'olio d'oliva, i pomodori e l'aglio. Cuocere per circa un minuto. Unire la 'nduja e sbriciolarla fino a quando non si scioglie. Abbassare la fiamma al minimo e tenere al caldo.

e) Immergete la pasta nell'acqua bollente e cuocetela al dente, circa 3-4 minuti. Aggiungere la pasta nella padella con i pomodori e far saltare per unire. Condite con sale e pepe nero appena macinato.

f) Per servire, dividere la pasta nelle ciotole. Guarnire con olive tritate e basilico.

15. Orecchiette e polpette

SERVI 4-6

ingredienti
- Pasta Di Semola
- SALSA DI POMODORO
- Olio d'oliva
- 3 spicchi d'aglio, tritati
- 1 tazza (237 ml) di vino rosso
- 2 lattine (794 g) di pomodori schiacciati
- 1 mazzetto di basilico
- Sale kosher
- Pepe nero appena macinato
- POLPETTE
- 227 g di carne macinata di manzo
- 8 once (227 g) di vitello macinato
- 227 g di carne di maiale macinata
- 2 uova
- ½ tazza (60 g) di pangrattato

- 1 tazza (180 g) di Parmigiano-Reggiano grattugiato
- 1 mazzetto di prezzemolo italiano a foglia piatta, tritato
- 2 spicchi d'aglio, tritati
- Peperone rosso tritato, a piacere
- Sale kosher
- Pepe nero appena macinato
- 2 fette di pane bianco
- Parmigiano-Reggiano, da grattugiare
- Olio d'oliva
- Basilio, strappato

Indicazioni

a) Preriscaldare il forno a 204°C e spolverare due teglie con farina di semola.

b) Per fare l'impasto, seguire le istruzioni per l'impasto di semola. Per fare le orecchiette, tagliate un pezzetto di impasto e coprite il resto dell'impasto con della pellicola trasparente. Con le mani, arrotola il pezzo di pasta in una corda larga circa ½ pollice (12 mm). Taglia dei pezzi di pasta da ½ pollice (12 mm) dalla corda. Usando un coltello da burro, premi con decisione il bordo dell'impasto e trascina il coltello verso di te. Mentre l'impasto si arriccia sul coltello, usa il pollice per distendere l'impasto e formare una cupola (orecchiette). Disporre le orecchiette sulla teglia e lasciarle scoperte fino al momento della cottura.

c) Per preparare la salsa, in una pentola a fuoco medio, aggiungere l'olio d'oliva e l'aglio e far rosolare per circa un minuto o fino a quando non diventa traslucido. Aggiungere il vino rosso e farlo ridurre della metà. Unite poi i pomodorini tritati, il basilico, il sale e il pepe. Lasciate cuocere a fuoco basso mentre preparate le polpette.

d) Per fare le polpette, in una ciotola capiente mescolare la carne macinata, la carne di vitello, il maiale, le uova, il pangrattato, il Parmigiano-Reggiano, il prezzemolo, l'aglio, il peperoncino tritato, sale e pepe. Immergere 2 fette di pane bianco in acqua e strizzarle per eliminare l'eccesso. Aggiungere il pane nella ciotola e mescolare molto bene. Usando le mani, modella il composto in palline da 2,5 cm. Dovrebbero essere un po' più piccoli di una pallina da golf. Disporre su una teglia e cuocere senza coperchio per circa 15 minuti. Unite le polpette al sugo e continuate a cuocere a fuoco lento per circa 30 minuti.

e) Portare a bollore una pentola capiente di acqua salata. Immergete la pasta nell'acqua bollente e cuocetela al dente, circa 3 minuti.

f) In una padella, aggiungete un filo d'olio d'oliva, la pasta, le polpette e un po' di salsa di pomodoro. Mescolare per unire.

g) Per servire, dividere la pasta nelle ciotole con le polpette. Guarnire con Parmigiano-Reggiano grattugiato fresco, olio d'oliva e basilico.

16. Maccheroni di busa con brasciole

SERVI 4-6

ingredienti

- Pasta Di Semola
- Olio d'oliva
- 3 spicchi d'aglio, tritati
- 1 cipolla, tagliata a dadini piccoli
- 907 g di pomodori, tritati
- 1 mazzetto di basilico
- Sale kosher
- Pepe nero appena macinato
- Brasciole di manzo da 2 libbre (907 g) (bistecche rotonde superiori), pestate sottili
- Pepe nero macinato
- 1 tazza (180 g) di Parmigiano-Reggiano grattugiato
- 1 mazzetto di prezzemolo italiano a foglia piatta, tritato
- Stuzzicadenti o spago da cucina

- Parmigiano-Reggiano, da grattugiare
- 1 mazzetto di basilico, spezzettato

Indicazioni

a) Spolverate due teglie con farina di semola.

b) Per fare l'impasto, seguire le istruzioni per l'impasto di semola.

c) Per fare i maccheroni di busa, tagliate un pezzetto di pasta e coprite il resto della pasta con pellicola trasparente. Con le mani, arrotola il pezzo di pasta in una corda larga circa $\frac{1}{2}$ pollice (12 mm). Taglia dei pezzi di pasta da 2 pollici (5 cm) dalla corda.

d) Usando uno spiedino di legno, mettilo al centro dell'impasto e pizzica l'impasto per sigillarlo attorno allo spiedo. Usando il palmo della mano con una pressione uniforme, rotola avanti e indietro per sigillare l'impasto e creare una forma a tubo. Disporre la pasta nella teglia e lasciarla scoperta fino al momento della cottura.

e) Per preparare la salsa, in una pentola a fuoco medio, aggiungere l'olio d'oliva, l'aglio e la cipolla e far rosolare per circa un minuto o fino a quando non saranno traslucidi. Quindi aggiungere i pomodorini tagliati a pezzetti, il basilico, il sale e il pepe nero appena macinato. Lasciate cuocere la salsa a fuoco lento mentre preparate le brasciole.

f) Per fare le brasciole, adagiate la carne su un tagliere e pestatela in modo uniforme. Cospargete abbondantemente di pepe, Parmigiano-Reggiano e prezzemolo su ogni pezzo, lasciando circa 6 mm intorno ai bordi. Partendo da un'estremità, iniziate ad arrotolare bene la carne. Fissare con uno stuzzicadenti o legare con spago da cucina.

g) In una padella capiente, versate un filo d'olio d'oliva e fate rosolare le brasciole da tutti i lati fino a doratura. Aggiungere le brasciole rosolate nella casseruola e lasciar cuocere a fuoco lento per almeno 1 ora.

h) Portare a bollore una pentola capiente di acqua salata. Immergete la pasta nell'acqua bollente e cuocetela al dente, circa 3 minuti.

i) In una padella, aggiungete un filo d'olio d'oliva, la pasta e un po' di salsa di pomodoro. Mescolare per unire.

j) Per servire dividete la pasta nelle ciotole con le brasciole. Guarnire con Parmigiano-Reggiano grattugiato fresco e basilico.

17. Gnocchetti con gamberi e pesto

SERVI 4-6

ingredienti
- Pasta Di Semola
- PESTO DI PISTACCHIO
- 150 g di pistacchi
- 1 mazzetto di menta
- 1 spicchio d'aglio
- ½ tazza (50 g) di pecorino romano grattugiato
- ½ tazza (118 ml) di olio d'oliva
- Sale kosher
- Pepe nero appena macinato
- 227 g di fave
- Olio d'oliva
- 3 spicchi d'aglio, tritati
- 2 libbre (907 g) di gamberetti grandi, puliti
- Peperone rosso tritato, a piacere

- Sale kosher
- Pepe nero appena macinato
- ¼ di tazza (59 ml) di vino bianco
- 1 limone, sbucciato

Indicazioni

a) Spolverate due teglie con farina di semola.

b) Per fare gli gnocchetti, tagliate un pezzetto di impasto e coprite il resto dell'impasto con della pellicola trasparente. Con le mani, arrotola il pezzo di pasta in una corda spessa circa ½ pollice (12 mm). Taglia dei pezzi di pasta da ½ pollice (12 mm) dalla corda. Con il pollice, spingi delicatamente il pezzo di pasta su un tagliere per gnocchi, arrotolandolo lontano dal tuo corpo in modo da creare una leggera rientranza. Disporre gli gnocchetti sulle teglie spolverate di semola e lasciarli scoperti fino al momento della cottura.

c) Per preparare il pesto di pistacchi, in un robot da cucina, aggiungere i pistacchi, la menta, l'aglio, il pecorino romano, l'olio d'oliva, il sale e il pepe nero appena macinato e frullare fino a ottenere una purea.

d) Preparare una ciotola di acqua ghiacciata. Togliere le fave dal baccello. Sbollentate le fave cuocendole in acqua bollente finché non saranno tenere, circa 1 minuto. Togliere dall'acqua e mettere nel bagno di ghiaccio. Quando sarà abbastanza fredda, toglietela dall'acqua e mettetela da parte in una ciotola. Rimuovere lo strato esterno ceroso del chicco e scartare.

e) Portare a bollore una pentola capiente di acqua salata. Nel frattempo, in una padella capiente, a fuoco vivo, aggiungete un filo d'olio d'oliva, l'aglio, i gamberi, il peperoncino tritato, il sale e il pepe nero appena macinato. Mentre i gamberi cuociono, tuffate la pasta nell'acqua bollente e cuocetela al dente, circa 3-4 minuti. Aggiungere la pasta nella padella con il vino bianco e lasciar cuocere fino a quando il vino si sarà ridotto della metà, circa un minuto.

f) Per servire, dividere la pasta nelle ciotole. Guarnire con la scorza di limone e il pesto di pistacchi.

18. Ciciones con stufato di lenticchie

SERVI 4-6

ingredienti

- Pasta Di Semola
- 6-8 fili di zafferano
- 1 tazza (200 g) di lenticchie secche
- Olio d'oliva
- 1 cipolla, tagliata a dadini piccoli
- 1 carota, tagliata a dadini piccoli
- 1 gambo di sedano, tagliato a dadini piccoli
- 2 spicchi d'aglio, affettati
- ¼ di tazza (59 ml) di vino rosso
- 355 ml di brodo vegetale
- 1 lattina (794 g) di pomodori San Marzano schiacciati
- 1 foglia di alloro
- Sale kosher
- Pepe nero appena macinato

19. Casarecce con carciofi e scamorza

SERVI 4-6

ingredienti

- Pasta Di Semola
- 2 libbre (907 g) di carciofi
- Olio d'oliva
- Sale kosher
- Pepe nero appena macinato
- $\frac{1}{4}$ di tazza (58 g) di burro non salato
- Limone, succo e scorza
- Scamorza, da grattugiare
- Prezzemolo tritato

Indicazioni

a) Preriscaldare il forno a 204°C e spolverare due teglie con farina di semola.

b) Per fare le casarecce, tagliate un pezzetto di impasto e coprite il resto dell'impasto con della pellicola trasparente. Con le mani, arrotola il pezzo di pasta in una corda spessa circa

½ pollice (12 mm). Taglia dei pezzi di pasta da 2 pollici (5 cm) dalla corda. Usando uno spiedino di legno, posizionarlo al centro dell'impasto e premere delicatamente e muovere le mani in direzioni opposte. L'impasto si arriccerà sullo spiedo e creerà un aspetto contorto. Togliere con cautela lo spiedo e adagiare le casarecce sulle teglie spolverate di semola e lasciarle scoperte fino al momento della cottura.

c) Preparare i carciofi sbucciando gli strati esterni fino a raggiungere le foglie interne verde chiaro. Taglia circa 2,5 cm dalla parte superiore e poi taglia i carciofi a metà nel senso della lunghezza. Riempi d'acqua una ciotola capiente e spremere il succo di 1 limone nella ciotola, aggiungendo anche le metà del limone. Metti i carciofi tagliati nella ciotola dell'acqua e limone. Quando tutti i carciofi saranno puliti, scolateli bene e disponeteli su una teglia. Condire con olio d'oliva, sale e pepe appena macinato e arrostire fino a quando non diventa croccante, circa 25-30 minuti.

d) Portare a bollore una pentola capiente di acqua salata. Nel frattempo, in una padella capiente, a fuoco medio, aggiungete il burro, il succo di limone e la scorza di limone.

e) Immergete le casarecce nell'acqua bollente e cuocetele al dente, dai 4 ai 6 minuti circa. Aggiungere la pasta e i carciofi nella padella con il burro e far saltare per unire. Condite con sale e pepe nero appena macinato.

f) Per servire, dividere la pasta nelle ciotole. Guarnire con scamorza grattugiata e prezzemolo tritato.

20. Mezzi paccheri ai piselli

SERVI 4-6

ingredienti
- Pasta Di Semola
- Olio d'oliva
- 1 cipolla, tagliata a dadini piccoli
- 3 spicchi d'aglio, tritati
- 2 tazze (302 g) di piselli
- 2 lattine (794 g) di pomodori schiacciati
- 1 cucchiaino di peperoncino tritato
- Sale kosher
- Pepe nero appena macinato
- Basilio, strappato
- Parmigiano-Reggiano, da grattugiare

Indicazioni
a) Spolverate due teglie con farina di semola.

b) Per fare i mezzi paccheri, tagliate un pezzetto di pasta e coprite il resto con pellicola trasparente. Con le mani, arrotola il pezzo di pasta in una corda spessa circa 2,5 cm. Taglia dei pezzi di pasta da 1 pollice (2,5 cm) dalla corda. Usando un mattarello, arrotola i pezzi tagliati di 1,6 mm di spessore. Posiziona il manico di un cucchiaio di legno sul bordo della sfoglia nel senso della lunghezza e inizia ad arrotolare la sfoglia sopra il manico. Usando il palmo della mano per esercitare pressione, rotola avanti e indietro per sigillare e creare una forma a tubo corto. Togliere con cautela il manico e adagiare i paccheri sulle teglie spolverate di semola e lasciarli scoperti fino al momento della cottura.

c) Per preparare la salsa, in una casseruola di medie dimensioni a fuoco medio, aggiungere un filo d'olio d'oliva e far rosolare la cipolla e l'aglio fino a quando saranno appena traslucidi, circa 3 minuti. Quindi aggiungere i piselli, i pomodori pelati e il peperoncino tritato. Condite con sale e pepe nero appena macinato. Abbassate la fiamma al minimo e fate sobbollire per circa 30 minuti.

d) Portare a bollore una pentola capiente di acqua salata. Immergete la pasta nell'acqua e cuocetela al dente, circa 3-4 minuti. Condite la pasta con il sugo e mescolate bene.

e) Per servire, dividere la pasta nelle ciotole. Guarnire con basilico fresco tritato e Parmigiano-Reggiano grattugiato.

21. Strozzapreti con granchio

SERVI 4–6

ingredienti
- Pasta Di Semola
- 227 g di pomodori verdi
- Olio d'oliva
- 3 spicchi d'aglio, affettati
- Peperone rosso tritato, a piacere
- 227 g di polpa di granchio, raccolta
- Sale kosher
- Pepe nero appena macinato
- Basilico, affettato sottilmente
- 1 limone, sbucciato

Indicazioni

a) Spolverate due teglie con farina di semola.

b) Per fare gli strozzapreti dividete l'impasto in quattro parti. Mettere un pezzo su un piano di lavoro leggermente infarinato e coprire il resto dell'impasto con pellicola trasparente. Inizia a stendere l'impasto fino a raggiungere uno spessore di circa 8 mm. Usando un coltello, taglia l'impasto steso in strisce di 4 cm. Per dare la forma agli strozzapreti, prendete una striscia e adagiatela tra i palmi delle mani. Usando un leggero movimento avanti e indietro, strofina l'impasto tra le mani per creare una forma a tubo contorto. Strappare e pizzicare l'impasto arrotolato per creare pezzi da 4 pollici (10 cm). Disporre gli strozzapreti sulla teglia spolverata di semola e lasciarli scoperti fino al momento della cottura.

c) Per preparare i pomodorini verdi, portate a bollore una pentola d'acqua di media grandezza. Sbucciare i pomodori e con un coltello affilato incidere la parte inferiore del pomodoro con una X. Preparare una ciotola piena di acqua ghiacciata. Immergete i pomodorini nell'acqua bollente e toglieteli dopo circa 30 secondi. Metterli nella ciotola con acqua ghiacciata. Quando sarà abbastanza fredda da poter essere maneggiata, sbucciate e tritate i pomodori.

d) Portare a bollore una pentola capiente di acqua salata.

e) In una padella ampia e a fuoco alto, aggiungere un filo di olio d'oliva, i pomodorini verdi, l'aglio e il peperoncino tritato. Cuocete per circa 2 minuti, rigirando spesso. Aggiungere il granchio e condire con sale e pepe. Tenere caldo.

f) Immergete gli strozzapreti nell'acqua bollente e cuoceteli al dente, circa 3-4 minuti. Aggiungere la pasta ai pomodori verdi e mescolare per unire.

g) Per servire, dividere la pasta tra scodella e leml. Guarnire con basilico, scorza d'oliva.

GNOCCHI E GNUDI

22. Gnudi di tuorlo d'uovo al tartufo

SERVI 4-6

ingredienti
- 2 tazze (454 g) di ricotta
- 4 tuorli d'uovo
- 1 tazza (180 g) di Parmigiano-Reggiano grattugiato
- Sale kosher
- Pepe nero appena macinato
- ½ tazza (64 g) di farina 00, più altra per spolverare
- ½ tazza (115 g) di burro non salato
- Sale kosher
- Pepe nero appena macinato
- Parmigiano-Reggiano, grattugiato
- 1 tartufo nero fresco, a scaglie

Indicazioni

a) Spolverate due teglie con farina 00.

b) Per fare gli gnudi, in una ciotola mescolate la ricotta, i tuorli d'uovo, il

Parmigiano-Reggiano, il sale e il pepe nero fino ad ottenere un composto ben amalgamato. Aggiungere la farina 00 e mescolare fino a quando il composto non sarà ben amalgamato. Con l'aiuto di due cucchiai grandi, modellare l'impasto in forme da calcio e disporlo su teglie infarinate. Spolverate con altra farina. Assicurati che gli gnudi non si tocchino o si attaccheranno. Conservare in frigorifero fino al momento dell'uso.

c) Portare a bollore una pentola capiente di acqua salata.

d) Nel frattempo fate sciogliere il burro in una padella capiente a fuoco medio.

e) Una volta che l'acqua raggiunge un bollore rapido, abbassare la fiamma e far sobbollire e mettere con cura gli gnudi di tuorli nell'acqua e cuocere per circa 1 o 2 minuti o finché non vengono a galla. Aiutandovi con una schiumarola, aggiungete gli gnudi nella padella con il burro fuso. Condite con sale e pepe nero appena macinato.

f) Per servire, dividere gli gnudi nelle ciotole. Guarnire con Parmigiano-Reggiano grattugiato fresco e scaglie di tartufo.

23. Gnocchi di zucca con pancetta

SERVI 4-6

ingredienti

- ½ tazza (114 g) di ricotta
- ½ tazza (90 g) di purea di zucca
- 2 uova
- 3 tazze (381 g) di farina 00
- ½ cucchiaino di zenzero macinato
- 1 cucchiaino di noce moscata, grattugiata
- ½ cucchiaino di chiodi di garofano macinati
- 1 cucchiaio (8 g) di cannella
- ½ cucchiaino di pimento
- Sale kosher
- Pepe nero appena macinato
- Olio extravergine d'oliva
- 8 once (227 g) di bietole svizzere, i gambi rimossi
- ½ tazza (50 g) di pecorino romano grattugiato

- 2 spicchi d'aglio
- 1 mazzetto di basilico
- ½ tazza (63 g) di noci pignoli, tostate
- Sale kosher
- Pepe nero appena macinato
- 1 tazza (237 ml) di olio d'oliva
- 227 g di pancetta, tagliata a pezzi da ½ pollice (12 mm)
- Pecorino Romano

Indicazioni

a) Spolverate due teglie con farina 00.

b) Per preparare l'impasto degli gnocchi, in una terrina mescolate la ricotta, la purea di zucca e le uova fino ad ottenere un composto ben amalgamato. In una ciotola a parte, mescolare la farina 00, lo zenzero, la noce moscata grattugiata, i chiodi di garofano, la cannella, il pimento, il sale e il pepe nero appena macinato.

c) Unite il composto di farina al composto di zucca e ricotta e mescolate fino a quando non sarà ben amalgamato e il composto forma una palla.

d) Su una superficie leggermente infarinata, lavorate leggermente l'impasto per circa 3 minuti.

e) Per fare gli gnocchi, tagliate un pezzetto di pasta di zucca e coprite il resto con pellicola trasparente. Con le mani, arrotola il pezzo di pasta in una corda larga circa 2,5 cm. Taglia dei pezzi di pasta da 1 pollice (2,5 cm) dalla corda. Usando un tagliere per gnocchi o una forchetta, arrotolare delicatamente gli gnocchi tagliati sul tagliere per formare una superficie strutturata.

f) Adagiate gli gnocchi di zucca sulle teglie infarinate e assicuratevi che gli gnocchi non si tocchino o si attaccheranno. Conservare in frigorifero fino al momento dell'uso.

g) Per preparare il pesto di bietole, ricoprite una padella capiente con un filo di olio extravergine di oliva, aggiungete le bietole e fatele appassire.

h) In un robot da cucina, aggiungere la bietola appassita, il pecorino romano, l'aglio, il basilico, i pignoli, il sale e il pepe nero appena macinato. Versare lentamente l'olio d'oliva e frullare fino a ottenere una purea.

i) Portare a bollore una pentola capiente di acqua salata.

j) Nel frattempo, in una padella capiente, a fuoco medio, aggiungete la pancetta e fatela cuocere fino a quando il grasso non sarà completamente sciolto e croccante, circa 5 minuti.

k) Metti con cura gli gnocchi nell'acqua bollente e cuocili finché non vengono a galla, circa 2 o 3 minuti. Usando una schiumarola, aggiungi gli gnocchi di zucca nella padella della pancetta e mescola per unire.

l) Per servire, dividere gli gnocchi nelle ciotole. Guarnire con pecorino romano appena grattugiato e pesto di bietole.

m)

24. Gnocchi di patate dolci al prosciutto

SERVI 4-6

ingredienti

- 455 g di patate dolci, dimezzate nel senso della lunghezza
- Olio d'oliva
- Sale kosher
- Pepe nero appena macinato
- 1 tazza (180 g) di Parmigiano-Reggiano grattugiato
- 1 tazza (227 g) di ricotta
- 254 g di farina 00, più altro per spolverare
- 113 g di prosciutto di Parma, affettato sottilmente
- ½ tazza (115 g) di burro non salato
- 3 rametti di timo
- Sale kosher
- Pepe nero appena macinato
- Parmigiano-Reggiano

- ¼ di tazza (30 g) di noci pecan tritate, tostate

Indicazioni

a) Preriscaldare il forno a 204°C e spolverare due teglie con farina 00.

b) Per fare l'impasto degli gnocchi, irrorate le patate con olio d'oliva e condite con sale e pepe nero appena macinato. Mettere su una teglia, con il lato tagliato verso il basso e arrostire fino a quando non saranno teneri in una forchetta, circa 30 minuti.

c) Mettere da parte fino a quando non sarà abbastanza freddo da poter essere maneggiato. Togliere la polpa dalla buccia, quindi passarla allo schiacciapatate (o schiacciarla con il dorso di una forchetta) e mescolare in una ciotola la purea di patate dolci, il Parmigiano-Reggiano grattugiato, la ricotta, il sale kosher e il pepe nero macinato fresco fino a quando non sono ben amalgamati. Aggiungere la farina 00 e mescolare fino a quando non sarà ben amalgamata e il composto forma una palla. Su una superficie leggermente infarinata, impastare delicatamente l'impasto per circa 3 minuti.

d) Per fare gli gnocchi, tagliate un pezzetto di pasta di patate dolci e coprite il resto con pellicola trasparente. Con le mani, arrotola il pezzo di pasta in una corda larga circa 2,5 cm. Taglia dei pezzi di pasta da 1 pollice (2,5 cm) dalla corda. Usando un tagliere per gnocchi o una forchetta, arrotolare delicatamente gli gnocchi tagliati sul tagliere per formare una superficie strutturata. Adagiate gli gnocchi di patate dolci sulle teglie infarinate e assicuratevi che gli gnocchi non si tocchino o si attaccheranno. Conservare in frigorifero fino al momento dell'uso.

e) Mettere il prosciutto su una teglia foderata di carta da forno e cuocere fino a quando non diventa croccante, circa 6 minuti.

f) Portare a bollore una pentola capiente di acqua salata. Nel frattempo, in una padella ampia a fuoco medio-basso, aggiungere il burro e il timo e cuocere fino a quando non diventa marrone e ha un aroma di nocciola, circa 3-4 minuti. Eliminare i rametti di timo e scartarli.

g) Metti con cura gli gnocchi nell'acqua bollente e cuocili finché non vengono a galla, circa 2 o 3 minuti. Usando una schiumarola, aggiungi gli gnocchi di patate dolci al burro marrone e mescola per unire. Condite con sale e pepe nero appena macinato. Per servire, dividere gli gnocchi nei piatti. Guarnire con Parmigiano-Reggiano grattugiato fresco, prosciutto di Parma sbriciolato e noci pecan tritate.

25. Rampa di gnudi e grana padano

SERVI 4-6

ingredienti
- Olio d'oliva
- Rampe da 2½ libbre (1,1 kg), tritate
- 2 tazze (454 g) di ricotta
- 2 uova
- 1 tazza (100 g) di Grana Padano grattugiato
- Sale kosher
- Pepe nero appena macinato
- ½ tazza (64 g) di farina 00, più altra per spolverare
- ½ tazza (115 g) di burro non salato
- 1 mazzetto di timo
- Sale kosher
- Pepe nero appena macinato
- Grana Padano

Indicazioni
a) Spolverate due teglie con farina 00.

b) Per fare gli gnudi, in una padella a fuoco alto, aggiungere un filo d'olio d'oliva e le rampe tritate. Cuocere fino a quando non appassisce, circa 1 o 2 minuti. In una ciotola unire le rampe appassite, la ricotta, le uova, il Grana Padano, il sale e il pepe nero appena macinato fino ad ottenere un composto ben amalgamato. Aggiungere la farina 00 e mescolare fino a quando non sarà ben amalgamata e il composto forma una palla. Usando le mani o una piccola paletta, modellare il composto in palline da 2,5 cm (un po' più piccole di una pallina da golf) e adagiarle su una teglia infarinata. Spolverate con altra farina. Assicurati che gli gnudi non si tocchino o si attaccheranno. Conservare in frigorifero fino al momento dell'uso.

c) Portare a bollore una pentola capiente di acqua salata.

d) Nel frattempo, in una padella ampia, a fuoco medio-basso, aggiungere il burro e il timo e cuocere fino a quando non assume un colore marrone e un aroma di nocciola, circa 10-12 minuti.

e) Una volta che l'acqua raggiunge un bollore rapido, abbassare la fiamma e portare a ebollizione a fuoco lento e mettere con cura gli gnudi nell'acqua e cuocere per circa 1 o 2 minuti o finché non vengono a galla. Usando una schiumarola aggiungere gli gnudi rampicanti nella padella con il burro marrone. Condite con sale e pepe nero appena macinato.

f) Per servire, dividere gli gnudi nei piatti. Guarnire con Grana Padano fresco grattugiato.

26. Gnocchi di barbabietola con ricotta di pecora

SERVI 4-6

ingredienti

- 454 g di barbabietola rossa, lavata e sbucciata, tagliata in quarti
- Olio d'oliva
- Sale kosher
- Pepe nero appena macinato
- 2 tazze (454 g) di ricotta di pecora
- 3 uova
- 1 tazza (180 g) di Parmigiano-Reggiano grattugiato
- 1 tazza (127 g) di farina 00, più altra per spolverare
- ¼ di tazza (58 g) di burro non salato
- 6 foglie di salvia
- Sale kosher
- Pepe nero appena macinato
- Parmigiano-Reggiano

Preriscaldare il forno a 204°C e spolverare due teglie con farina 00.

Indicazioni

a) Per fare gli gnocchi, disporre le barbabietole su una teglia e condire con olio d'oliva, e condire con sale kosher e pepe nero appena macinato. Arrostire finché non sono teneri in una forchetta, circa 45 minuti.

b) Mettere da parte fino a quando non sarà abbastanza freddo da poter essere maneggiato. Passare le barbabietole allo schiacciapatate (o schiacciarle con il dorso di una forchetta) e mescolare in una ciotola le barbabietole, la ricotta di pecora, le uova, il Parmigiano-Reggiano, il sale kosher e il pepe nero macinato fresco fino ad ottenere un composto ben amalgamato. Aggiungere la farina 00 e mescolare fino a quando non sarà ben amalgamata e il composto forma una palla.

c) Per fare gli gnocchi, tagliate un pezzetto di pasta di barbabietola e coprite il resto con pellicola trasparente. Con le mani, arrotola il pezzo di pasta in una corda larga circa 2,5 cm. Taglia dei pezzi di pasta da 1 pollice (2,5 cm) dalla corda. Usando un tagliere per gnocchi, arrotolare delicatamente gli gnocchi tagliati sul tagliere per formare una superficie strutturata (o usare una forchetta). Disporre gli gnocchi di barbabietola su una teglia infarinata e assicurarsi che gli gnocchi non si tocchino o si attaccheranno. Conservare in frigorifero fino al momento dell'uso.

d) In una padella ampia, a fuoco medio-basso, aggiungere il burro e cuocere fino a quando non diventa marrone e ha un aroma di nocciola, circa 3-4 minuti. Aggiungere le foglie di salvia.

e) Portare a bollore una pentola capiente di acqua salata.

f) Una volta che l'acqua avrà raggiunto il bollore, abbassare un po' la fiamma e mettere con cura gli gnocchi nell'acqua e cuocere per circa 1 o 2 minuti o finché non vengono a galla. Usando una schiumarola adagiare gli gnocchi di barbabietola nella padella con il burro rosolato e la salvia. Condite con sale e pepe nero appena macinato.

g) Per servire, dividere gli gnocchi nei piatti. Guarnire con Parmigiano-Reggiano fresco grattugiato.

27. Gnocchi allo zafferano con astice in camicia

SERVI 4-6

ingredienti
- 2½ libbre (1,1 kg) di patate color ruggine
- Olio d'oliva
- Sale kosher
- Pepe nero appena macinato
- 1 uovo
- 6-8 fili di zafferano
- 1 tazza (227 g) di ricotta
- 191 g di farina 00, più altra per spolverare
- Olio d'oliva
- 1 spicchio d'aglio, tritato
- 1 lattina (794 g) di pomodori schiacciati
- Peperone rosso tritato, a piacere
- ARAGOSTA AL BURRO
- 2 aragoste (1½ libbre [680 g]) o 3 code di aragosta

- 2 tazze (460 g) di burro non salato
- 2 cucchiai (30 ml) di vaniglia
- 1 spicchio d'aglio, schiacciato
- 1 mazzetto di dragoncello
- Dragoncello, tritato
- 1 limone, sbucciato

Indicazioni

a) Preriscaldare il forno a 204°C e spolverare due teglie con farina 00.

b) Per fare l'impasto degli gnocchi, irrorate le patate con olio d'oliva e condite con sale kosher e pepe nero appena macinato. Adagiateli su una teglia, con il lato tagliato rivolto verso il basso e arrostite finché non saranno teneri in una forchetta, circa 30 minuti. In una ciotola sbattere l'uovo, aggiungere i fili di zafferano e lasciare in infusione per circa 3-4 minuti. Quando le patate sono abbastanza fredde da poter essere maneggiate, togli la polpa dalla buccia, quindi passa la polpa in uno schiacciapatate (o schiaccia con il dorso di una forchetta).

c) Mescolare il purè di patate, la ricotta, il composto di uova e zafferano, il sale kosher e il pepe nero appena macinato in una ciotola fino ad ottenere un composto ben amalgamato. Aggiungere la farina 00 e mescolare fino a quando non sarà ben amalgamata e il composto forma una palla. Su una superficie leggermente infarinata, lavorate leggermente l'impasto per circa 3 minuti.

d) Per fare gli gnocchi, tagliate un pezzetto di pasta allo zafferano e coprite il resto con pellicola trasparente. Con le mani, arrotola il pezzo di pasta in una corda larga circa 2,5 cm. Taglia dei pezzi di pasta da 1 pollice (2,5 cm) dalla corda. Usando un tagliere per gnocchi, arrotolare delicatamente gli gnocchi tagliati sul tagliere in modo da formare una superficie strutturata (puoi anche usare una forchetta). Adagiate gli gnocchi allo zafferano su una teglia infarinata e assicuratevi che gli gnocchi non si tocchino o si attaccheranno. Conservare in frigorifero fino al momento dell'uso.

e) Per fare la salsa, in una casseruola a fuoco medio-alto, aggiungere un filo di olio d'oliva e aglio e far cuocere per circa un minuto. Aggiungere la lattina di pomodori pelati e scaglie di peperoncino. Condire a piacere con sale e pepe nero appena macinato. Lasciare sobbollire la salsa senza coperchio per circa 30 minuti.

f) Per preparare l'aragosta al burro, portate a bollore una pentola capiente d'acqua. Mettiamo l'astice nella pentola, copriamo e lasciamo cuocere per 4 minuti. Scolare le aragoste e metterle da parte finché non saranno abbastanza fredde da poter essere maneggiate. Togliere tutta la carne di astice dai gusci e tagliarla a pezzi grossi. In una casseruola media a fuoco basso, aggiungere il burro, la vaniglia, l'aglio e il dragoncello. Una volta che il burro si sarà sciolto, aggiungete i pezzi di astice e lasciate cuocere l'astice per circa 5 minuti. Assicurati che la miscela di burro non raggiunga il bollore.

g) Portare a bollore una pentola capiente di acqua salata.

h) Nel frattempo, in una padella capiente, a fuoco basso, aggiungete l'astice in camicia e un po' di salsa di pomodoro.

i) Metti con cura gli gnocchi nell'acqua bollente e cuocili finché sono teneri, circa 2 o 3 minuti. Utilizzando un mestolo forato aggiungete gli gnocchi allo zafferano nella padella con l'aragosta e mescolate per amalgamare. Condite con sale e pepe nero appena macinato.

j) Per servire, dividere gli gnocchi e l'aragosta nelle ciotole. Guarnire con dragoncello tritato e scorza di limone.

28. Gnocchi di patate arrosto con robiola

SERVI 4-6

ingredienti
- 2½ libbre (1,1 kg) di patate color ruggine, tagliate per il lungo
- 1 bulbo d'aglio
- Olio d'oliva
- Sale kosher
- Pepe nero appena macinato
- 4 rametti di rosmarino
- 2 tazze (454 g) di ricotta
- 1 uovo
- 254 g di farina 00, più altro per spolverare
- ½ tazza (45 g) di farina di castagne
- 2 limoni, uno sbucciato
- 4 carciofi medi
- ¼ di tazza (59 ml) di olio d'oliva
- 1 cipolla, tagliata a dadini

- 2 spicchi d'aglio, schiacciati
- 1 mazzetto di prezzemolo
- 1 tazza (237 ml) di vino bianco
- 1 tazza (237 ml) di brodo di pollo
- $\frac{1}{2}$ tazza (115 g) di burro non salato
- 227 g di robiola
- $\frac{1}{4}$ di tazza (59 ml) di panna
- 60 g di capperi, tritati
- Prezzemolo italiano a foglia piatta, tritato
- Pepe nero appena macinato

Indicazioni

a) Preriscaldare il forno a 204°C e spolverare due teglie con farina 00.

b) Per fare l'impasto degli gnocchi, irrorate le patate e il bulbo d'aglio intero con olio d'oliva e condite con sale kosher e pepe nero appena macinato. Disporre su una teglia, con il lato tagliato verso il basso, con rametti di rosmarino e arrostire fino a che non risulteranno teneri, circa 30 minuti. Mettere da parte fino a quando non sarà abbastanza freddo da poter essere maneggiato. Sbucciare la polpa, strizzare l'aglio e poi passare la polpa allo schiacciapatate (o schiacciarla con il dorso di una forchetta) e mescolare in una ciotola la purea di patate, l'aglio, la ricotta, l'uovo, il sale e il pepe fino a quando ben combinato. Unite la farina 00 e la farina di castagne, mescolate fino ad ottenere un composto ben amalgamato e il composto forma una palla. Su una superficie leggermente infarinata, impastare delicatamente l'impasto per circa 3 minuti.

c) Per fare gli gnocchi, tagliate un pezzetto di impasto di patate arrosto e coprite il resto dell'impasto con pellicola trasparente. Con le mani, arrotola il pezzo di pasta in una corda larga circa 2,5 cm. Taglia dei pezzi di pasta da 1 pollice (2,5 cm) dalla corda. Usando un tagliere per gnocchi, arrotolare delicatamente gli gnocchi tagliati sul tagliere in modo da formare una superficie strutturata (puoi usare una forchetta). Disporre gli gnocchi di patate arrosto sulla teglia infarinata e assicurarsi che gli gnocchi non si tocchino o si attaccheranno. Conservare in frigorifero fino al momento dell'uso.

d) Per brasare i carciofi, riempire d'acqua una ciotola capiente e spremere il succo di 1 limone, unendo anche le metà del limone. Sciacquare ogni carciofo e togliere $\frac{1}{2}$ pollice (12 mm) dal gambo. Taglia 2,5 cm dalla parte superiore di ogni carciofo. Tagliate poi ogni carciofo a metà, dal gambo alla punta, ed eliminate lo strozzato con un cucchiaio. Eliminate le foglie esterne dure e mondate la parte esterna del gambo con un coltello da cucina. Aggiungere i carciofi preparati nella ciotola dell'acqua e limone per non farli prendere colore. In una pentola capiente, a fuoco medio, aggiungete l'olio d'oliva, la cipolla, l'aglio e il prezzemolo e fate cuocere per circa 3 minuti o fino a quando la cipolla sarà traslucida.

Aggiungere i carciofi puliti e il vino bianco. Lascia che il vino bianco si riduca della metà, circa 2 minuti. Aggiungere il brodo di pollo, la scorza di 1 limone e il burro,

e) Portare a bollore una pentola capiente di acqua salata.

f) Per fare la fonduta, unire la robiola e la panna in una padella capiente a fuoco medio-basso. Cuocere, sbattendo spesso, finché il formaggio non sarà sciolto e liscio, per circa 10 minuti. Abbassare la fiamma al minimo per mantenere la salsa calda mentre gli gnocchi cuociono.

g) Metti con cura gli gnocchi nell'acqua bollente e cuocili finché sono teneri, circa 2 o 3 minuti. Unite alla salsa di robiola i carciofi brasati, i capperi e gli gnocchi e mescolate.

h) Per servire, dividere gli gnocchi nelle ciotole. Guarnire con prezzemolo tritato e pepe nero macinato fresco.

29. Gnudi di ceci con pomodori

SERVI 4-6

ingredienti
- 2 tazze (454 g) di ricotta
- 1 tuorlo d'uovo
- Sale kosher
- Pepe nero appena macinato
- 1½ tazza (252 g) di farina di semola
- 138 g di farina di ceci
- 454 g di pomodorini di famiglia, dimezzati
- 2 spicchi d'aglio, affettati sottilmente
- Basilio, strappato
- ¼ di tazza (59 ml) di olio d'oliva
- Sale kosher
- Pepe nero appena macinato
- Pecorino Romano, da grattugiare

Indicazioni
a) Spolverate due teglie con farina di semola.

b) Per fare gli gnudi, in una terrina mescolate la ricotta, il tuorlo d'uovo, il sale e il pepe nero macinato fresco fino ad ottenere un composto ben amalgamato. Aggiungere la farina di semola e la farina di ceci, e mescolare fino a quando il composto non sarà ben amalgamato e il composto forma una palla.

c) Usando le mani o un misurino, modella il composto in palline da 2,5 cm (dovrebbero essere un po' più piccole di una pallina da golf). Adagiateli su una teglia spolverata di semola. Spolverare con altra semola. Assicurati che gli gnudi non si tocchino o si attaccheranno. Mettere in frigo fino al momento della cottura.

d) In una ciotola capiente, aggiungere i pomodori, l'aglio, il basilico, l'olio d'oliva, il sale e il pepe nero macinato fresco. Lasciar marinare per circa 10 minuti.

e) Una volta che l'acqua raggiunge un bollore rapido, abbassare la fiamma e far sobbollire e mettere con cura gli gnudi nell'acqua e cuocere per circa 1 o 2 minuti o finché non vengono a galla. Usando un mestolo forato, aggiungi gli gnudi di ceci nella ciotola con i pomodori cimelio marinati e mescola per unire.

f) Per servire, dividere gli gnudi nei piatti. Guarnire con Pecorino Romano appena grattugiato.

30. Gnocchi verdi con fonduta di provolone

SERVI 4-6

ingredienti
- 455 g di patate dorate Yukon
- Olio d'oliva
- 113 g di spinaci freschi
- 1¼ tazze (210 g) di farina di semola, più altra per spolverare
- 1 tazza (227 g) di ricotta
- 2 uova
- ⅛ cucchiaini di noce moscata appena grattugiata
- Sale kosher
- Pepe nero appena macinato
- 227 g di provolone
- 1 tazza (237 ml) di panna
- Pepe nero appena macinato

Indicazioni
a) Spolverate due teglie con farina di semola.

b) In una pentola media, coprire le patate con acqua fredda. Portare l'acqua a ebollizione a fuoco alto e cuocere fino a quando le patate sono tenere in una forchetta, circa 15 minuti. Scolare bene e mettere da parte fino a quando non sarà abbastanza fredda da poter essere maneggiata. Nel frattempo, in una padella, aggiungere l'olio d'oliva e gli spinaci. Cuocere fino ad appassire. Sbucciate le patate e passate la polpa allo schiacciapatate (o schiacciatela con il dorso di una forchetta) e mescolate in una ciotola la purea di patate, gli spinaci appassiti, la farina di semola, la ricotta, le uova, la noce moscata, il sale e il pepe nero appena macinato fino ad ottenere un composto omogeneo . Su una superficie leggermente infarinata, lavorate leggermente l'impasto per circa 3 minuti

c) Per fare gli gnocchi, tagliate un pezzetto di pasta per gnocchi e coprite il resto con pellicola trasparente. Con le mani, arrotola il pezzo di pasta in una corda larga circa 2,5 cm. Taglia dei pezzi di pasta da 1 pollice (2,5 cm) dalla corda. Usando un tagliere per gnocchi, arrotolare delicatamente gli gnocchi tagliati sul tagliere in modo da formare una superficie strutturata (puoi anche usare una forchetta). Disporre gli gnocchi su una teglia spolverata di semola e assicurarsi che gli gnocchi non si tocchino o si attaccheranno. Conservare in frigorifero fino al momento dell'uso.

d) Per fare la salsa, unire la provola e la panna in una padella capiente a fuoco medio-basso. Cuocere, sbattendo spesso, finché il formaggio non sarà sciolto e liscio, per circa 10 minuti. Abbassare la fiamma al minimo per mantenere la salsa calda mentre gli gnocchi cuociono.

e) Portare a bollore una pentola capiente di acqua salata. Metti con cura gli gnocchi nell'acqua bollente e cuocili finché sono teneri, circa 2 o 3 minuti.

f) Per servire, dividere gli gnocchi nelle ciotole. Adagiate sopra la fonduta con un mestolo e guarnite con una macinata di pepe nero.

31. Gnocchi al limone con capesante

SERVI 4-6

ingredienti

- 454 g di patate color ruggine
- 2 uova
- Sale kosher
- Pepe nero appena macinato
- 2 limoni Meyer, sbucciati
- 1¼ tazze (210 g) di farina di semola, più altra per spolverare
- ½ tazza (10 g) di prezzemolo fresco
- 1 tazza (151 g) di piselli freschi
- ½ tazza (115 g) di burro non salato
- Olio d'oliva
- 8-12 capesante subacquee
- 227 g di guanciale, tagliato a pezzi da ½ pollice (12 mm)
- Prezzemolo italiano a foglia piatta, tritato
- 1 limone, sbucciato

Indicazioni

a) Spolverate due teglie con farina di semola. Per fare l'impasto degli gnocchi, in una pentola media, coprire le patate con acqua fredda. Portare l'acqua a ebollizione a fuoco alto e cuocere fino a quando le patate sono tenere in una forchetta, circa 15 minuti. Scolare bene e mettere da parte fino a quando non sarà abbastanza fredda da poter essere maneggiata. Sbucciate le patate e poi passate la polpa allo schiacciapatate (o schiacciatela con il dorso di una forchetta) e mescolate in una ciotola la purea di patate, le uova, il sale kosher, il pepe nero macinato fresco e la scorza di limone fino ad ottenere un composto ben amalgamato. Aggiungere la farina di semola e il prezzemolo tritato e mescolare fino a quando il composto non sarà ben amalgamato e il composto forma una palla. Su una superficie leggermente infarinata, lavorate leggermente l'impasto per circa 3 minuti.

b) Per fare gli gnocchi, tagliate un pezzetto di pasta al limone e coprite il resto con pellicola trasparente. Con le mani, arrotola il pezzo di pasta in una corda larga circa 2,5 cm. Taglia dei pezzi di pasta da 1 pollice (2,5 cm) dalla corda. Adagiate gli gnocchi al limone su una teglia spolverata di semola. Avvolgere con pellicola trasparente e conservare in frigorifero fino al momento dell'uso.

c) Preparare una ciotola di acqua ghiacciata. Sbollentare i piselli cuocendoli in acqua bollente finché non saranno teneri, circa 1 o 2 minuti. Toglierli dall'acqua e metterli in un bagno di ghiaccio. Quando saranno abbastanza fredde, toglietele dall'acqua e mettetele da parte in una ciotola.

d) In una padella capiente a fuoco medio, aggiungere il burro e circa 1 cucchiaio (15 ml) di olio d'oliva. Lavorando in lotti, soffriggere gli gnocchi fino a doratura circa 3 o 4 minuti per lato. Trasferite gli gnocchi al limone croccanti su una teglia.

e) Per rosolare le capesante, scalda una grande padella di ghisa a fuoco medio-alto. Asciugare le capesante con un tovagliolo di carta e cospargerle uniformemente con sale kosher e pepe nero appena macinato. Aggiungere circa 1 cucchiaio (15 ml) di olio d'oliva e le capesante nella padella; cuocere 3 minuti per lato o fino a doratura. Togliere dalla padella; tenere caldo.

f) , in una padella capiente, a fuoco medio, aggiungete il guanciale e fate cuocere fino a quando non sarà croccante e il grasso sarà completamente sciolto. Aggiungere gli gnocchi e i piselli nella padella con il guanciale. Mescolare per unire. Per servire, dividere gli gnocchi e le capesante nei piatti. Guarnire con prezzemolo fresco e scorza di limone.

g)

PASTA RIPIENA

32. Raviolo di polenta con guanciale

SERVI 4-6

ingredienti

- 1 litro (946 ml) di acqua
- 1 tazza (170 g) di farina di mais
- ¼ di tazza (58 g) di burro non salato
- ¼ tazza (45 g) di Parmigiano-Reggiano grattugiato
- 1 tazza (227 g) di ricotta
- Sale kosher
- Pepe nero appena macinato
- 6-12 tuorli d'uovo
- Pasta per Ravioli
- 4 once (113 g) di guanciale, tagliato a pezzi da ½ pollice (12 mm)
- Olio d'oliva
- 454 g di funghi selvatici
- 3 rametti di timo
- Sale kosher

- Pepe nero appena macinato
- Parmigiano-Reggiano, da grattugiare

Indicazioni

a) Per preparare il ripieno, portare a ebollizione 4 tazze (946 ml) di acqua. Unire lentamente la farina di mais e abbassare la fiamma al minimo. Cuocere, mescolando spesso, finché il composto non si addensa e diventa tenero, per circa 15 minuti. Aggiungere il burro e il Parmigiano-Reggiano. Lasciare raffreddare il composto e poi aggiungere la ricotta, il sale e il pepe nero macinato fresco e mescolare bene.

b) Spolverate due teglie con farina di semola.

c) Per fare la pasta stendete la pasta fino a quando le sfoglie saranno appena traslucide.

d) Taglia i fogli arrotolati in sezioni da 12 pollici (30 cm) e copri il resto con un involucro di plastica.

e) Stendete le sfoglie su un piano di lavoro asciutto, e partendo da un'estremità della sfoglia, aiutandovi con una sac à poche o un cucchiaio, stendete circa 3 cucchiai (45 g) di ripieno su tutta la lunghezza della sfoglia, lasciando circa 1 pollice (2,5 cm) tra ogni ciuffo.

f) Quindi, con le dita, creare un nido nel ripieno. Adagiate con cura un tuorlo d'uovo in ogni nido e ricoprite il ripieno con un'altra sfoglia di pasta sopra.

g) Utilizzare uno spruzzo d'acqua per aiutare a sigillarlo, se necessario. Mentre ricopra la pasta sul ripieno, premere con cura per sigillare e assicurarsi che non ci sia aria intrappolata all'interno. Usando un tagliapasta rotondo da 3 pollici (7,5 cm), forare il raviolo e posizionarlo con cura sulla teglia spolverata di semola, distanziati tra loro.

h) Portare a bollore una pentola capiente di acqua salata.

i) In una padella capiente a fuoco medio, aggiungere il guanciale e cuocere fino a quando non sarà croccante e il grasso sarà sciolto, circa 5 minuti. Tenere caldo. In un'altra padella, a fuoco medio, aggiungere un filo d'olio d'oliva, i funghi, il timo, il sale e una macinata di pepe e cuocere finché sono teneri, circa 6 minuti.

j) Immergete con cura la pasta nell'acqua bollente e cuocetela finché non saranno al dente, circa 2 minuti. Aggiungere la pasta nella padella con il guanciale e scuotere accuratamente la padella in modo che la pasta si ricopra con il grasso del guanciale.

k) Per servire, dividere la pasta nei piatti. Guarnire con funghi e Parmigiano-Reggiano fresco grattugiato.

33. Mezzaluna di melanzane e pomodoro confit

SERVI 4-6

ingredienti
- Olio d'oliva
- 2 melanzane, sbucciate e tagliate a dadini
- 3 spicchi d'aglio, tritati
- 1 cipolla, tagliata a dadini
- Sale kosher
- Pepe nero appena macinato
- $\frac{1}{4}$ tazza (45 g) di Parmigiano-Reggiano
- 1 tazza (130 g) di mozzarella grattugiata
- 4 pomodorini
- Olio d'oliva
- 3 rametti di rosmarino
- 3 rametti di timo
- 1 spicchio d'aglio, affettato sottilmente
- $\frac{1}{2}$ cucchiaino di zucchero
- Sale kosher

- Pepe nero appena macinato
- Pasta per Ravioli
- 2 tazze (50 g) di basilico
- ½ tazza (90 g) di Parmigiano-Reggiano grattugiato
- 2 spicchi d'aglio
- ¼ di tazza (32 g) di noci pignoli
- Sale kosher
- Pepe nero appena macinato
- ⅔ tazza (160 ml) di olio d'oliva

Indicazioni

a) Preriscaldare il forno a 325°F (163°C).

b) In una padella capiente, a fuoco medio-alto, aggiungete un filo d'olio d'oliva, le melanzane, l'aglio, la cipolla, il sale e il pepe nero appena macinato. Cuocere finché le melanzane non saranno morbide, circa 8 minuti. Togliere dal fuoco e lasciar raffreddare. In una ciotola mescolate le melanzane cotte, il Parmigiano-Reggiano e la mozzarella.

c) Per fare il confit di pomodoro, tagliate i pomodorini a metà nel senso della lunghezza e privateli dei semi. In una teglia, irrorate con un filo d'olio d'oliva e adagiate i pomodori con la parte tagliata verso il basso con il rosmarino, il timo e l'aglio. Condite con zucchero, sale e pepe nero appena macinato. Cuocere fino a quando non saranno raggrinziti e rosso scuro, circa 45 minuti.

d) Spolverate due teglie con farina di semola. Per fare la pasta, stendete la pasta fino a quando la sfoglia non sarà appena traslucida.

e) Taglia i fogli stesi in sezioni da 12 pollici (30 cm) e copri il resto con un involucro di plastica. Stendi i fogli su una superficie di lavoro asciutta e, usando un taglierino rotondo da 3 pollici (7,5 cm), taglia dei cerchi nel foglio.

f) Usando una sac à poche o un cucchiaio, metti il ripieno al centro del cerchio di pasta, lasciando circa 6 mm sui lati. Per sigillare, piega il cerchio per creare una forma a mezzaluna e usa una forchetta per premere lungo i bordi per sigillare.

g) Utilizzare uno spruzzo d'acqua per aiutare a sigillarlo, se necessario. Adagiare con cura la mezzaluna sulle teglie spolverate di semola, distanziate tra loro.

h) Per fare il pesto, in un robot da cucina, aggiungere il basilico, il Parmigiano-Reggiano grattugiato, l'aglio, i pignoli, il sale kosher e il pepe nero appena macinato. Versare lentamente l'olio d'oliva e frullare fino a ottenere una purea.

i) Portare a bollore una pentola capiente di acqua salata. Immergete con cura la pasta nell'acqua bollente e cuocetela al dente, circa 2 o 3 minuti.

j) In una padella antiaderente, a fuoco basso, aggiungete un filo d'olio d'oliva e il pomodoro confit. Aggiungere la pasta nella padella e scuotere delicatamente la padella per amalgamare con i pomodori.

Condite con sale e pepe nero appena macinato. Per servire, dividere la pasta nei piatti. Guarnire con il pesto.

34. Cappellacci di zucca e pere

SERVI 4-6

ingredienti

- 1 zucca, tagliata a metà nel senso della lunghezza
- Olio d'oliva
- Sale kosher
- Pepe nero appena macinato
- 3 Pere Bosc, sbucciate, private del torsolo e affettate
- ¼ cucchiaino di noce moscata grattugiata
- ½ tazza (90 g) di Parmigiano-Reggiano grattugiato
- 1 uovo
- Pasta per Ravioli
- ¼ di tazza (58 g) di burro non salato
- 1 mazzetto di salvia
- Sale kosher
- Pepe nero appena macinato
- Parmigiano-Reggiano, da grattugiare

Indicazioni

a) Preriscaldare il forno a 190°C (375°F).

b) Per fare il ripieno, disponete la zucca tagliata su una teglia e irrorate il lato tagliato con olio d'oliva. Condire con sale e pepe. Cuocete per circa 45 minuti o fino a quando non risulteranno teneri. Mentre si raffredda la zucca, irrorare le pere con olio d'oliva e cuocere fino a renderle morbide, per circa 10-15 minuti. Scolare la polpa della zucca e metterla in un robot da cucina con le pere, l'olio d'oliva, la noce moscata, il Parmigiano-Reggiano e l'uovo; pulsare fino a che liscio. Condire con sale e pepe macinato al momento.

c) Spolverate due teglie con farina di semola.

d) Per fare la pasta, stendete la pasta fino a quando la sfoglia non sarà appena traslucida.

e) Taglia i fogli arrotolati in sezioni da 12 pollici (30 cm) e copri il resto con un involucro di plastica. Stendete le sfoglie su un piano di lavoro asciutto e, aiutandovi con una rotella dritta o un coltello, tagliate le sfoglie in quadrati di 5 cm.

f) Usando una sac à poche o un cucchiaio, metti circa 1 cucchiaio (15 g) di ripieno al centro di ogni quadrato, lasciando circa 6 mm intorno ai lati. Per sigillare, piega il quadrato sull'angolo opposto per formare una forma triangolare e usa le dita per premere lungo i bordi per sigillare.

g) Prendi le due estremità opposte del triangolo e uniscile. Utilizzare uno spruzzo d'acqua per aiutare a sigillarlo, se necessario. Adagiare con cura i cappellacci sulle teglie spolverate di semola, distanziati tra loro.

h) Portare a bollore una pentola capiente di acqua salata. Immergete delicatamente la pasta nell'acqua e cuocetela al dente, circa 2 o 3 minuti., in una padella ampia a fuoco medio-basso, aggiungere il burro e la salvia e cuocere fino a quando il burro non sarà marrone e avrà un aroma di nocciola, circa 3-4 minuti.

i) Aggiungere la pasta nella padella e far saltare per unire. Condite con sale e pepe nero appena macinato.

j) Per servire, dividere la pasta nei piatti. Guarnire con un po' di Parmigiano-Reggiano grattugiato.

35. Agnolotti di vitello al pecorino

SERVI 4-6

ingredienti

- Olio d'oliva
- 454 g di vitello macinato
- 3 spicchi d'aglio, tritati
- 454 g di senape, tritate
- 1 cucchiaino di noce moscata appena grattugiata
- 1 mazzetto di prezzemolo italiano a foglia piatta, tritato
- Sale kosher
- Pepe nero appena macinato
- ½ tazza (50 g) di pecorino romano grattugiato
- Pasta per Ravioli
- ¼ di tazza (58 g) di burro non salato
- Pecorino Romano, da grattugiare
- Senape per bambini

Indicazioni

a) Per fare il ripieno, in una padella a fuoco medio-alto, aggiungere un filo d'olio d'oliva e la carne di vitello. Cuocere fino a doratura, circa 8-10 minuti.

b) Scolare il grasso in eccesso e mettere da parte. In una padella a fuoco medio, aggiungere un filo di olio d'oliva, aglio, senape, noce moscata e prezzemolo.

c) Cuocere fino a quando il prezzemolo non sarà appassito, circa 2 o 3 minuti. Condire con sale e pepe macinato al momento. Aggiungere le verdure al vitello cotto. Unire il Pecorino Romano grattugiato. Mettere il composto di vitello e senape in un robot da cucina e frullare fino a quando non si unisce.

d) Spolverate due teglie con farina di semola.

e) Per fare la pasta, stendete la pasta fino a quando la sfoglia non sarà appena traslucida.

f) Taglia i fogli stesi in sezioni da 12 pollici (30 cm) e copri il resto con un involucro di plastica. Stendete le sfoglie su un piano di lavoro asciutto e, aiutandovi con una rotella dritta o un coltello, tagliate le sfoglie di pasta nel senso della lunghezza in due strisce larghe 7,5 cm.

g) Usando una sac à poche o un cucchiaio, adagiate il ripieno al centro di ogni sfoglia in fila. Per sigillare, piega la pasta sul ripieno sul lato opposto, lasciando scoperto circa 6 mm di pasta. Utilizzare uno spruzzo d'acqua per aiutare a sigillarlo, se necessario.

h) Per formare gli agnolotti individuali, pizzicare l'impasto con il pollice e l'indice. Procedi lungo l'intera lunghezza del foglio, sigillando e pizzicando individualmente per creare paste da 2 pollici (5 cm).

i) Utilizzando una rotella scanalata, rifilate il bordo della pasta per tutta la lunghezza, avvicinandovi il più possibile al ripieno. Per tagliare la pasta in singoli agnolotti, utilizzando un cutter scanalato, velocemente e con forza, tagliateli direttamente al centro della pizzica. Adagiare con cura gli agnolotti sulle teglie spolverate di semola, distanziati tra loro.

j) Portare a bollore una pentola capiente di acqua salata. Immergete delicatamente la pasta nell'acqua e cuocetela al dente, circa 2 o 3 minuti.

k) Nel frattempo, in una padella capiente, a fuoco medio, aggiungete il burro e fatelo sciogliere. Unite poi la pasta cotta e fate insaporire.

l) Per servire, dividere la pasta nei piatti. Guarnire con pecorino romano grattugiato e qualche senape novella.

36. Caramelle di prosciutto con fonduta

SERVI 4-6

ingredienti

- Olio d'oliva

- 454 g di prosciutto, tagliato a dadini piccoli

- 1 testa di radicchio, tritato

- 2 tazze (454 g) di ricotta

- Sale kosher

- Pepe nero appena macinato

- Pasta per Ravioli

- 227 g di Gorgonzola

- $\frac{1}{4}$ di tazza (59 ml) di panna

- Pepe nero appena macinato

- 1 limone, sbucciato

Indicazioni

a) Per fare il ripieno, in una padella ampia a fuoco alto, aggiungere un filo di olio d'oliva e prosciutto e cuocere fino a quando non diventa croccante, circa 3-4 minuti. Quindi aggiungere il radicchio e cuocere finché non appassisce, circa 2 minuti. Togliere dal fuoco.

b) In una ciotola unire il prosciutto, il radicchio e la ricotta, condire con sale e pepe nero appena macinato.

c) Spolverate due teglie con farina di semola.

d) Per fare la pasta, stendete la pasta fino a quando la sfoglia non sarà appena traslucida.

e) Taglia i fogli stesi in sezioni da 12 pollici (30 cm) e copri il resto con un involucro di plastica.

f) Stendete le sfoglie su un piano di lavoro asciutto e, aiutandovi con una rotella dritta o un coltello, tagliate le sfoglie di pasta in rettangoli lunghi 7,5 cm e larghi 5 cm. Usando una sac à poche o un cucchiaio, posiziona dei tronchetti di ripieno da 2 pollici (5 cm) lungo la lunghezza del rettangolo vicino al bordo, lasciando circa $\frac{1}{2}$ pollice (12 mm) di spazio su ciascun lato.

g) Per sigillare, piegare il bordo inferiore sul ripieno e arrotolare delicatamente la pasta lontano da te in modo da formare una forma a tubo. Utilizzare uno spruzzo d'acqua per aiutare a sigillarlo, se necessario.

h) Pizzicare i lati, sigillando l'impasto dove finisce il ripieno e usando i pollici per pizzicare entrambe le estremità, quindi ruotare di circa 180 gradi e pizzicare di nuovo. Adagiare con cura il caramelle sulle teglie spolverate di semola, distanziate tra loro.

i) Portare a bollore una pentola capiente di acqua salata. Immergete delicatamente la pasta nell'acqua e cuocetela al dente, circa 2 o 3 minuti.

j) Per fare la fonduta, unire il gorgonzola e la panna in una padella capiente a fuoco medio-basso. Cuocere, sbattendo spesso, finché il formaggio non sarà sciolto e liscio, per circa 10 minuti.

k) Abbassate la fiamma e tenete al caldo mentre la pasta cuoce. Unite poi la pasta cotta e fate insaporire.

l) Per servire, dividere la pasta nelle ciotole. Guarnire con pepe nero macinato fresco e scorza di limone.

37. Anolini in brodo

SERVI 4-6

ingredienti

- ¼ di tazza (58 g) di burro non salato
- 1 spicchio d'aglio, tritato
- 454 g di carne macinata di manzo
- Sale kosher
- Pepe nero appena macinato
- ½ tazza (60 g) di pangrattato
- ½ tazza (90 g) di Parmigiano-Reggiano
- Olio d'oliva
- 2 spicchi d'aglio, tritati
- 2 gambi di sedano, tagliati a dadini piccoli
- 2 carote, tagliate a dadini piccoli
- 1 cipolla, tagliata a dadini piccoli
- 1 mazzetto di prezzemolo, tritato
- Sale kosher
- Pepe nero appena macinato

- Pasta per Ravioli
- Parmigiano-Reggiano, da grattugiare
- Prezzemolo italiano a foglia piatta, tritato

Indicazioni

a) Spolverate due teglie con farina di semola.

b) Per fare il ripieno, in una padella capiente a fuoco medio-alto fate sciogliere il burro. Aggiungere l'aglio e la carne macinata. Cuocere fino a cottura, da 5 a 8 minuti circa. Scolare l'unto in eccesso e condire con sale e pepe nero appena macinato. Una volta leggermente raffreddato, frullate nel robot da cucina con il pangrattato e il Parmigiano-Reggiano fino ad ottenere un composto omogeneo.

c) Per fare il brodo, in una pentola capiente a fuoco vivo, aggiungete un filo d'olio d'oliva, aglio, sedano, carote, cipolla e prezzemolo. Coprire con circa 1,4 litri d'acqua e portare a ebollizione. Quindi ridurre a medio-basso e cuocere a fuoco lento per circa 45 minuti. Condite con sale e pepe nero appena macinato.

d) Per fare la pasta, stendete la pasta fino a quando la sfoglia non sarà appena traslucida.

e) Taglia i fogli stesi in sezioni da 12 pollici (30 cm) e copri il resto con un involucro di plastica. Stendete le sfoglie su un piano di lavoro asciutto e, partendo da un'estremità della sfoglia, utilizzate una sac à poche o un cucchiaio per disporre circa $\frac{1}{2}$ cucchiaino di ripieno su tutta la lunghezza della sfoglia in due file, lasciando circa $\frac{1}{2}$ pollice (12 mm) tra ogni ciuffo.

f) Coprite il ripieno con un altro foglio di pasta sopra. Utilizzare uno spruzzo d'acqua per aiutare a sigillarlo, se necessario.

g) Mentre ricopra la pasta sul ripieno, premere con cura per sigillare e assicurarsi che non ci sia aria intrappolata all'interno. Usando un taglierino rotondo da 1 pollice (2,5 cm), forare gli anolini e posizionarli con cura sulle teglie spolverate di semola, distanziate tra loro.

h) Riportare il brodo a bollore e immergere con cura la pasta e cuocere fino al dente, circa 2 o 3 minuti.

i) Per servire, dividere la pasta nelle ciotole con il brodo. Guarnire con Parmigiano-Reggiano e prezzemolo tritato.

38. Raviolini di piselli dolci al mascarpone

SERVI 4-6

ingredienti

- Olio d'oliva
- 4 tazze (604 g) di piselli
- Sale kosher
- Pepe nero appena macinato
- 1 mazzetto di menta
- 1½ tazza (341 g) di mascarpone
- ½ tazza (90 g) di Parmigiano-Reggiano grattugiato
- 1 limone, succo e scorza
- Pasta per Ravioli
- 227 g di crescione
- 1 limone, succo e scorza
- Sale kosher
- Pepe nero appena macinato
- ¼ di tazza (58 g) di burro non salato
- Olio d'oliva

Indicazioni

a) Spolverate due teglie con farina di semola.

b) Per fare il ripieno, in una padella capiente, a fuoco medio-alto, irrorate con un filo d'olio d'oliva.

c) Aggiungere i piselli e cuocere fino a quando non saranno di un verde brillante, da 2 a 5 minuti circa. Condite con sale e pepe nero appena macinato. In un robot da cucina frullate i piselli cotti, le foglie di menta, il mascarpone, il Parmigiano-Reggiano e il succo di limone fino ad ottenere un composto omogeneo. Conserva circa 60 g di ripieno per fare una salsa.

d) Per fare la pasta, stendete la pasta fino a quando la sfoglia non sarà appena traslucida. Taglia i fogli arrotolati in sezioni da 12 pollici (30 cm) e copri il resto con un involucro di plastica.

e) Stendere le sfoglie su un piano di lavoro asciutto e partendo da un'estremità della sfoglia, utilizzare una sac à poche o un cucchiaio per disporre circa 2 cucchiaini (10 g) di ripieno su tutta la lunghezza della sfoglia in due file, lasciando circa 1 pollici (2,5 cm) tra ogni ciuffo. Utilizzare uno spruzzo d'acqua per aiutare a sigillarlo, se necessario.

f) Mentre ricopra la pasta sul ripieno, premere con cura per sigillare e assicurarsi che non ci sia aria intrappolata all'interno. Usando uno stampo per ravioli da 2 pollici (5 cm) o una rotella per la pasta, taglia dei quadrati o cerchi da 2 pollici (5 cm) e posiziona con cura i raviolini sulle teglie spolverate di semola, distanziati tra loro.

g) Portare a bollore una pentola capiente di acqua salata. Immergete delicatamente la pasta nell'acqua e cuocetela al dente, circa 2 o 3 minuti. In una padella capiente, a fuoco medio, aggiungete il burro e fatelo sciogliere. Quindi aggiungere la pasta cotta nella padella con il ripieno riservato e far saltare per unire.

h) Dividete la pasta nei piatti. In una ciotolina, unire il crescione con un filo d'olio d'oliva, il succo di limone, il sale e il pepe nero appena macinato. Guarnire la pasta con il crescione condito.

39. Ravioli a coste corte e sedano rapa

SERVI 4-6

ingredienti
- Costine corte da 3 libbre (1,4 kg).
- Sale kosher
- Pepe nero appena macinato
- Olio d'oliva
- 2 carote, tagliate a dadini
- 2 gambi di sedano, tagliati a dadini
- 2 cipolle, tagliate a dadini
- 3 spicchi d'aglio, tritati
- 1 tazza (237 ml) di vino rosso
- 4 rametti di timo
- 1 mazzetto di prezzemolo
- 4 rametti di rosmarino
- 1 foglia di alloro
- 3 cucchiai (10 g) di espresso istantaneo
- 1 qt (946 ml) di brodo di manzo
- 1 radice di sedano grande

- 3 cucchiai (43 g) di burro non salato
- ½ tazza (119 ml) di panna
- 1 foglia di alloro
- Sale kosher
- Pepe nero appena macinato
- Pasta per Ravioli
- ¼ di tazza (58 g) di burro non salato
- Erba cipollina, affettata sottilmente

Indicazioni

a) Preriscaldare il forno a 190°C (375°F). Condite generosamente le costine con sale e pepe. Scaldare un forno olandese a fuoco alto e aggiungere un filo di olio d'oliva.

b) Lavorando in lotti, aggiungere le costine e farle rosolare da tutti i lati, fino a formare una bella crosticina marrone. Rimuovere e mettere da parte. Nello stesso forno olandese, aggiungete un filo d'olio d'oliva, le carote, il sedano, le cipolle e l'aglio.

c) Cuocere fino a quando non saranno morbide e avranno colore, circa 3 o 4 minuti. Aggiungere il vino rosso per sfumare la padella, aiutandosi con un cucchiaio per raschiare tutti i pezzi sul fondo. Rimettete le costine nella padella e poi aggiungete il timo, il prezzemolo, il rosmarino, l'alloro, il caffè espresso, il sale, il pepe nero appena macinato e abbastanza brodo di manzo per coprire le costine. Coprite la pentola e mettete in forno. Cuocere per circa 4 ore o fino a quando la carne è tenera. Eliminate la foglia di alloro prima di servire.

d) Per fare la purea di sedano rapa, mondate la radice di sedano e tagliatela a pezzi di media grandezza. In una casseruola media a fuoco basso, aggiungere il burro e la radice di sedano tagliata.

e) Cuocere fino a quando non sarà morbido, circa 6 minuti. Aggiungere la panna e la foglia di alloro e lasciar cuocere a fuoco lento per circa 2 minuti. Eliminate la foglia di alloro. Aggiungere la radice di sedano e la panna in un robot da cucina e frullare fino a che liscio. Condire con sale e pepe.

f) Spolverate due teglie con farina di semola. Per fare la pasta, stendete la pasta fino a quando la sfoglia non sarà appena traslucida. Taglia i fogli stesi in sezioni da 12 pollici (30 cm) e copri il resto con un involucro di plastica.

g) Stendete le sfoglie su un piano di lavoro asciutto e, partendo da un'estremità della sfoglia, stendete con una sac à poche o un cucchiaio circa 2 cucchiai (30 g) di purea di sedano rapa su tutta la lunghezza della sfoglia in due file, lasciando circa 1 pollice (2,5 cm) tra ogni ciuffo. Metti circa 1 cucchiaio (15 g) di costata brasata sopra la radice di sedano.

h) Mentre ricopra la pasta sul ripieno, premere con cura per sigillare e assicurarsi che non ci sia aria intrappolata all'interno. Utilizzare uno spruzzo d'acqua per aiutare a sigillarlo, se necessario. Usando uno stampo per ravioli da 4 pollici (10 cm) o una rotella per la pasta, taglia dei quadrati o cerchi da 4 pollici (10 cm) e posiziona con cura i ravioli sulle teglie spolverate di semola, distanziati tra loro.

i) Portare a bollore una pentola capiente di acqua salata. Nel frattempo in una piccola padella antiaderente, a fuoco medio-alto, fate sciogliere il burro. Per servire, dividere la pasta nelle ciotole. Guarnire con burro fuso ed erba cipollina.

40. Triangoli di taleggio e ragù di maiale

SERVI 4-6

ingredienti
- Guancia di maiale da 3 libbre (1,4 kg).
- Sale kosher
- Pepe nero appena macinato
- Olio d'oliva
- 2 carote, tagliate a dadini
- 1 gambo di sedano, tagliato a dadini
- 1 cipolla, tagliata a dadini
- 3 spicchi d'aglio, tritati
- 1 barattolo di concentrato di pomodoro (6 once [170 g]).
- ½ tazza (118 ml) di vino rosso
- 1 mazzetto di prezzemolo italiano a foglia piatta
- 3 rametti di rosmarino
- 4 rametti di timo
- 1 foglia di alloro

- 1 lattina (794 g) di pomodori schiacciati
- 3 tazze (711 ml) di brodo di manzo
- Olio d'oliva
- 1 testa di radicchio, affettato sottilmente
- 454 g di Taleggio, grattugiato
- 1 limone, scorza e succo
- Pasta per Ravioli
- Prezzemolo italiano a foglia piatta, tritato

Indicazioni

a) Preriscaldare il forno a 190°C (375°F).

b) Per preparare il ragù di guanciale, condite generosamente il maiale con sale e pepe nero macinato fresco. In un forno olandese a fuoco alto, aggiungere un filo di olio d'oliva.

c) Lavorando poco alla volta, aggiungere i guanciali e farli rosolare da tutti i lati, fino a formare una bella crosticina marrone. Rimuovere e mettere da parte.

Nello stesso forno olandese, aggiungete un filo di olio d'oliva, le carote, il sedano, la cipolla e l'aglio.

d) Cuocere fino a quando non saranno morbide e dorate, circa 3-4 minuti. Aggiungere il concentrato di pomodoro e mescolare continuamente per evitare che bruci. Quindi aggiungere il vino rosso per sfumare la padella e utilizzare un cucchiaio per raschiare tutti i pezzi sul fondo.

e) Rimettete il guanciale nella padella e poi aggiungete il prezzemolo, il rosmarino, il timo, l'alloro, il sale, il pepe nero appena macinato, i pomodori schiacciati e abbastanza brodo di manzo per coprire il maiale. Coprite la pentola e mettete in forno. Cuocere per circa 4 ore o fino a quando la carne è tenera.

f) Quando sarà abbastanza fredda da poter essere maneggiata, rompi la carne con due forchette e rimuovi la foglia di alloro. Tenere caldo.

g) Per fare il ripieno, in una padella di media grandezza, aggiungete un filo d'olio d'oliva e il radicchio. Cuocere finché non appassisce, circa 3 minuti. Lasciar raffreddare. In una ciotola capiente, unire il radicchio appassito, il taleggio, la scorza di limone e il succo di limone. Condite con sale e pepe nero appena macinato.

h) Spolverate due teglie con farina di semola.

i) Per fare la pasta, stendete la pasta fino a quando la sfoglia non sarà appena traslucida.

j) Taglia i fogli stesi in sezioni da 12 pollici (30 cm) e copri il resto con un involucro di plastica. Stendete le sfoglie su un piano di lavoro asciutto e, aiutandovi con una rotella dritta o un coltello, tagliate le sfoglie in quadrati di 7,5 cm.

k) Usando una sac à poche o un cucchiaio, metti circa 1 cucchiaino di ripieno al centro, lasciando circa 6 mm di impasto nudo sul bordo. Per sigillare, piega il quadrato sull'angolo opposto per formare una forma triangolare e usa le dita per premere lungo i bordi per sigillare.

l) Utilizzare uno spruzzo d'acqua per aiutare a sigillarlo, se necessario. Con un cutter scanalato, rifilate lungo i bordi, lasciando circa 6 mm di pasta attorno al ripieno. Adagiare con cura i triangoli sulle teglie spolverate di semola, distanziati tra loro.

m) Portare a bollore una pentola capiente di acqua salata. Immergete delicatamente la pasta nell'acqua e cuocetela al dente, circa 2 o 3 minuti.

n) In una padella capiente, a fuoco medio, aggiungete un po' di ragù di maiale e la pasta cotta. Mescolare per unire.

o) Per servire, dividere la pasta nelle ciotole. Guarnire con prezzemolo tritato.

41. Cappelletti Sunchoke con mele

SERVI 4-6

ingredienti
- Olio d'oliva
- Sunchokes da 4 libbre (1,8 kg), tritati
- 2 spicchi d'aglio, tritati
- 1 tazza (227 g) di ricotta
- Sale kosher
- Pepe nero appena macinato
- Pasta per Ravioli
- Olio d'oliva
- 454 g di cavolo cappuccio, tritato
- 1 mela, affettata sottilmente

Indicazioni
a) Per fare il ripieno, in una padella capiente a fuoco medio-alto, irrorate d'olio d'oliva e aggiungete i sunchokes. Cuocere fino a quando non sarà morbido, circa 8-10 minuti. Togliete dal fuoco e fate raffreddare leggermente.

b) In un robot da cucina, frullare i sunchokes, l'aglio e la ricotta fino ad ottenere un composto omogeneo. Condite con sale e pepe nero appena macinato.

c) Spolverate due teglie con farina di semola.

d) Per fare la pasta, stendete la pasta fino a quando la sfoglia non sarà appena traslucida.

e) Taglia i fogli stesi in sezioni da 12 pollici (30 cm) e copri il resto con un involucro di plastica. Appoggia i fogli su una superficie di lavoro asciutta e, usando un taglierino rotondo da 3 pollici (7,5 cm), taglia dei cerchi nei fogli.

f) Usando una sac à poche o un cucchiaio, metti circa 1 cucchiaino di ripieno al centro del cerchio di pasta, lasciando circa 6 mm intorno ai lati. Piega il cerchio per creare una forma a mezzaluna e premi lungo i bordi per sigillare. Utilizzare uno spruzzo d'acqua per aiutare a sigillarlo, se necessario.

g) Per formare la pasta, con il bordo curvo rivolto verso di voi, unire le due punte e pressare. Assicurati delicatamente che il bordo esterno curvo sia all'altezza di formare una forma circolare. Adagiate la pasta sul piano di lavoro, assicurandovi che stia da sola. Trasferire con cura i cappelletti nelle teglie spolverate di semola, distanziati tra loro.

h) Portare a bollore una grande pentola d'acqua. Nel frattempo, in una padella capiente, a fuoco medio, irrorate con un filo d'olio d'oliva. Aggiungere il cavolo cappuccio e far rosolare finché non inizia ad appassire. Spegnete il fuoco e aggiungete le mele. Condire con sale e pepe macinato al momento.

i) Immergete delicatamente la pasta nell'acqua e cuocetela al dente, circa 2 o 3 minuti. Saltate in padella con il cavolo cappuccio e le mele.

j) Per servire, dividere la pasta, il cavolo cappuccio e le mele nelle ciotole.

42. Faggotini con gamberi e zucchine

SERVI 4–6

ingredienti
- RIEMPIMENTO
- Olio d'oliva
- 1 zucchina, tagliata a dadini piccoli
- 454 g di gamberi, tritati
- 1 limone, succo e scorza
- 1 mazzetto di prezzemolo, tritato
- 1 tazza (227 g) di ricotta
- ½ tazza (90 g) di Parmigiano-Reggiano
- Sale kosher
- Pepe nero appena macinato
- FAGGOTINI
- Pasta per Ravioli
- 1 mazzetto di aneto, tritato
-
- Fronde di aneto, raccolte

Indicazioni

a) Per fare il ripieno, in una padella capiente, a fuoco medio-alto, irrorate con un filo d'olio d'oliva. Soffriggere le zucchine fino a renderle morbide, circa 5-8 minuti. Accantonare. Condisci con altro olio d'oliva e rosola i gamberetti fino a cottura, da 5 a 8 minuti circa. In una ciotola media, mescolare i gamberi tritati, le zucchine, il limone, il prezzemolo, la ricotta e il Parmigiano-Reggiano fino ad ottenere un composto ben amalgamato. Condite con sale e pepe nero appena macinato.

b) Spolverate due teglie con farina di semola.

c) Per preparare l'impasto all'aneto, seguire le istruzioni per l'impasto dei ravioli, incorporando l'aneto tritato con gli ingredienti umidi.

d) Per fare la pasta, stendete la pasta fino a quando la sfoglia non sarà appena traslucida.

e) Taglia i fogli stesi in sezioni da 12 pollici (30 cm) e copri il resto con un involucro di plastica. Stendete le sfoglie su un piano di lavoro asciutto e, aiutandovi con un tagliapasta o un coltello, tagliate l'impasto in quadrati di 7,5 cm. Usando una sac à poche o un cucchiaio, metti circa 1 cucchiaio (15 g) di ripieno al centro del quadrato, lasciando circa ½ pollice (12 mm) intorno ai lati. Unisci i quattro angoli per formare un fascio. Pizzicare e torcere in alto per sigillare. Utilizzare uno spruzzo d'acqua per aiutare a sigillarlo, se necessario. Adagiare con cura i faggotini sulle teglie spolverate di semola, distanziati tra loro.

f) Portare a bollore una grande pentola d'acqua. Immergete delicatamente la pasta nell'acqua e cuocetela al dente, circa 2 o 3 minuti.

g) Per servire, dividere la pasta nelle ciotole. Guarnire con le fronde di aneto.

43. Casonsei di carciofi e ricotta

SERVI 4-6

ingredienti
- RIEMPIMENTO

- 2 libbre (907 g) di carciofi

- 2 limoni

- ¼ di tazza (59 ml) di olio d'oliva

- 1 cipolla, tagliata a dadini

- 2 spicchi d'aglio, schiacciati

- 1 mazzetto di prezzemolo italiano a foglia piatta
- 1 tazza (237 ml) di vino bianco
- 1 tazza (237 ml) di brodo di pollo
- ½ tazza (115 g) di burro non salato
- 2 tazze (454 g) di ricotta di capra
- CASSONSEI
- Pasta per Ravioli
-
- Prezzemolo italiano a foglia piatta, tritato
- ½ tazza (86 g) di nocciole, tritate

Indicazioni

a) Per brasare i carciofi, riempire una ciotola capiente con acqua e il succo di 1 limone; gettare anche le metà del limone. Sciacquare ogni carciofo e togliere ½ pollice (12 mm) dal gambo. Taglia 2,5 cm dalla parte superiore di ogni carciofo. Tagliate poi il carciofo a metà, dal gambo alla punta, ed eliminate la strozzatura con un cucchiaio.

b) Eliminate le foglie esterne dure e mondate la parte esterna del gambo con un coltello da cucina. Aggiungere i carciofi preparati nella ciotola dell'acqua e limone per non farli prendere colore. In una grande casseruola a fuoco medio, aggiungere l'olio d'oliva, la cipolla, l'aglio e il prezzemolo e cuocere per circa 3 minuti o fino a quando non saranno traslucidi. Aggiungere i carciofi puliti e il vino bianco. Far ridurre della metà il vino bianco, circa 2 minuti.

c) Aggiungere il brodo di pollo, la scorza di un limone e il burro, coprire e cuocere per circa 20 minuti a fuoco basso finché non saranno teneri. Per fare il ripieno, frullate i carciofi brasati in un robot da cucina con la ricotta fino ad ottenere un composto omogeneo.

d) Spolverate due teglie con farina di semola. Per fare la pasta, stendete la pasta fino a quando la sfoglia non sarà appena traslucida.

e) Taglia i fogli arrotolati in sezioni da 12 pollici (30 cm) e copri il resto con un involucro di plastica. Stendete le sfoglie su un piano di lavoro asciutto e, aiutandovi con una rotella dritta o un coltello, tagliate le sfoglie di pasta nel senso della lunghezza in due strisce larghe 7,5 cm.

f) Usando una sac à poche o un cucchiaio, metti 3,8 cm di ripieno al centro di ogni foglio in fila, lasciando circa 2,5 cm tra ogni log di ripieno. Per sigillare, piegare la pasta sul ripieno sul lato opposto e premere con gli indici lungo i lati dei tronchetti di ripieno, facendo uscire l'aria e sigillando la pasta.

g) Procedi lungo l'intera lunghezza del foglio, sigillando individualmente ogni registro di ripieno. Utilizzare uno spruzzo d'acqua per aiutare a sigillarlo, se necessario. Utilizzando una rotella scanalata, rifilate i bordi, lasciando circa

6 mm tra il ripieno e il taglio. Con il bordo scanalato rivolto lontano da te, posiziona gli indici sopra i bordi e i pollici dietro il ripieno.

h) Avvicina gli angoli l'uno all'altro, ma senza toccarli. Adagiare con cura i casonsei sulle teglie spolverate di semola, distanziati tra loro. Portare a bollore una grande pentola d'acqua. Immergete delicatamente la pasta nell'acqua e cuocetela al dente, circa 2 o 3 minuti.

i) Per servire, dividere la pasta nelle ciotole. Guarnire con prezzemolo e nocciole.

44. Tortelli di maiale e pastinaca con mele

SERVI 4-6

ingredienti
- RIEMPIMENTO
- Olio d'oliva
- 454 g di carne di maiale macinata
- 3 spicchi d'aglio, tritati
- 3 pastinache, tagliate a dadini piccoli
- Sale kosher
- Pepe nero appena macinato
- 1 mazzetto di prezzemolo italiano a foglia piatta
- ½ tazza (90 g) di pecorino romano grattugiato
- TORTELLI
- Pasta per Ravioli
-
- ½ tazza (115 g) di burro non salato
- 1 cucchiaio (16 g) di senape integrale

- 1 mela verde, affettata sottilmente
- ½ tazza (58 g) di noci, tritate

Indicazioni

a) Per fare il ripieno, in una padella capiente a fuoco alto, aggiungere un filo di olio d'oliva, carne di maiale, aglio, pastinaca, sale e pepe nero appena macinato. Cuocere fino a quando il maiale non sarà marrone e le pastinache saranno morbide, circa 6 minuti. Mettere in un robot da cucina con prezzemolo e pecorino romano e frullare fino a quando non sarà macinato finemente.

b) Spolverate due teglie con farina di semola.

c) Per fare la pasta, stendete la pasta fino a quando la sfoglia non sarà appena traslucida. Taglia i fogli stesi in sezioni da 12 pollici (30 cm) e copri il resto con un involucro di plastica.

d) Stendete le sfoglie su un piano di lavoro asciutto e, aiutandovi con una rotella dritta o un coltello, tagliate le sfoglie di pasta nel senso della lunghezza in due strisce larghe 7,5 cm. Usando una sac à poche o un cucchiaio, posiziona 3,8 cm di ripieno al centro di ogni foglio in fila, lasciando circa ½ pollice (12 mm) tra ogni registro di ripieno.

e) Per sigillare, piegare la pasta sul ripieno sul lato opposto e premere con gli indici lungo i lati dei tronchetti di ripieno, facendo uscire l'aria e sigillando la pasta. Procedi lungo l'intera lunghezza del foglio, sigillando individualmente ogni registro di ripieno.

f) Utilizzare uno spruzzo d'acqua per aiutare a sigillarlo, se necessario. Utilizzando una rotella scanalata, rifilate i bordi, lasciando circa 6 mm tra il ripieno e il taglio. Adagiare con cura i tortelli sulle teglie spolverate di semola, distanziati tra loro.

g) Portare a bollore una pentola capiente di acqua salata.

h) Nel frattempo, in una padella ampia, a fuoco medio-basso, aggiungere il burro e cuocere fino a quando non diventa marrone e ha un aroma di nocciola, circa 3-4 minuti. Togliere dal fuoco, aggiungere la senape integrale e mescolare per unire.

i) Immergete delicatamente la pasta nell'acqua e cuocetela al dente, circa 2 o 3 minuti. Aggiungere nella padella con il burro marrone e mescolare per unire.

j) Dividete la pasta nei piatti. Guarnire con mele verdi e noci tagliate a fettine sottili.

45. Scarpinocc di barbabietola e rosa

SERVI 4–6

ingredienti

- ½ tazza (115 g) di burro
- Barbabietole da 2 libbre (907 g).
- Olio d'oliva
- Sale kosher
- Pepe nero appena macinato
- 3 cucchiai (48 ml) di acqua di rose
- 1½ tazza (341 g) di mascarpone
- 1½ tazza (341 g) di ricotta
- Pasta per Ravioli
- ½ tazza (115 g) di burro non salato
- 1 cucchiaio (8 g) di semi di papavero

Indicazioni

a) Preriscaldare il forno a 218°C (425°F).

b) Per rosolare il burro, in una padella capiente a fuoco medio-alto, aggiungere il burro. Cuocere fino a quando non diventa marrone e ha un aroma di nocciola, circa 3 o 4 minuti. Accantonare.

c) Per fare il ripieno, in una ciotola capiente, tuffate le barbabietole in olio d'oliva, sale e pepe macinato fresco. Metti le barbabietole in una teglia e copri bene con un foglio. Arrostire fino a quando sono teneri se bucati con un coltello, da 45 a 60 minuti a seconda delle loro dimensioni.

d) Lasciateli da parte finché non saranno abbastanza freddi da poterli sbucciare e tritare. Quindi, in un robot da cucina, frullare le barbabietole con l'acqua di rose e il burro rosolato fino a quando non saranno ben amalgamate. In una ciotola unite il mascarpone e la ricotta. Condire con sale e pepe macinato al momento.

e) Spolverate due teglie con farina di semola.

f) Per fare la pasta, stendete la pasta fino a quando la sfoglia non sarà appena traslucida. Taglia i fogli stesi in sezioni da 12 pollici (30 cm) e copri il resto con un involucro di plastica.

g) Stendete le sfoglie su un piano di lavoro asciutto e, aiutandovi con una rotella dritta o un coltello, tagliate le sfoglie di pasta in rettangoli lunghi 6 cm e larghi 5 cm. Usando una sac à poche o un cucchiaio, metti 3,8 cm di ripieno al centro del rettangolo, lasciando circa 6 mm di spazio su ciascun lato. Per sigillare, piegare il bordo inferiore sul ripieno e arrotolare delicatamente la pasta lontano da te in modo da formare una forma a tubo.

h) Utilizzare uno spruzzo d'acqua per aiutare a sigillarlo, se necessario. Pizzicare i lati, sigillando l'impasto dove finisce il ripieno, e usa i pollici per pizzicare entrambe le estremità per formare una formazione a T.

i) Premere delicatamente al centro del ripieno per creare una fossetta nella pasta. Adagiare con cura gli scarpinocc sulle teglie spolverate di semola, distanziati tra loro.

j) Portare a bollore una pentola capiente di acqua salata. Immergete delicatamente la pasta nell'acqua e cuocetela al dente, circa 2 o 3 minuti. Nel frattempo sciogliere il burro in una padella media a fuoco medio. Aggiungere la pasta nella padella e far saltare per unire.

k) Per servire, dividere la pasta nei piatti. Guarnire con semi di papavero.

46. Culurgiones con burro e mandorle

SERVI 4-6

ingredienti
- 454 g di patate Yukon gold sbucciate e tagliate in quarti
- Olio d'oliva
- 1 uovo
- 1 tazza (100 g) di pecorino romano grattugiato
- Sale kosher
- Pepe nero appena macinato
- Pasta Di Semola
- $\frac{1}{2}$ tazza (115 g) di burro
- $\frac{1}{4}$ di tazza (43 g) di mandorle, tritate
- Pecorino Romano, da grattugiare

Indicazioni

a) Per fare il ripieno, mettete le patate in una pentola capiente. Coprite con acqua fredda e condite generosamente con sale.

b) Portare a ebollizione la pentola d'acqua e cuocere fino a quando le patate sono tenere come una forchetta, per circa 20-25 minuti. Scolare le patate e passarle al passaverdure o allo schiacciapatate. Una volta schiacciate le patate, aggiungete l'olio d'oliva, l'uovo e il pecorino romano. Condire con sale e pepe macinato al momento.

c) Spolverate due teglie con farina di semola.

d) Per fare la pasta, stendete la pasta fino a quando la sfoglia non sarà appena traslucida. Taglia i fogli stesi in sezioni da 12 pollici (30 cm) e copri il resto con un involucro di plastica.

e) Stendi i fogli su una superficie di lavoro asciutta e, usando un taglierino rotondo da 7,5 cm, taglia dei cerchi nel foglio. Usando una sac à poche o un cucchiaio, metti circa 1 cucchiaio (15 g) di ripieno al centro del cerchio di pasta, lasciando circa 2,5 cm sui lati.

f) Per dare la forma, tenendo la pasta ripiena in mano come un taco, inizia a pizzicare l'impasto sul fondo, spingendo verso l'alto mentre pizzichi la sezione successiva, procedendo verso l'altra estremità. Trasferire con cura i culurgiones nelle teglie spolverate di semola, distanziati tra loro.

g) Portare a bollore una pentola capiente di acqua salata. Immergete delicatamente la pasta nell'acqua e cuocetela al dente, circa 2 o 3 minuti.

h) Per rosolare il burro, in una padella capiente a fuoco medio-alto, aggiungere il burro. Cuocere fino a quando non diventa marrone e ha un aroma di nocciola, circa 3 o 4 minuti. Saltare la pasta nel burro marrone.

i) Per servire, dividere la pasta nelle ciotole. Guarnire con mandorle e pecorino romano grattugiato.

47. Ravioli di zucca con piselli

Per 4 porzioni

ingredienti

- 1 tazza di zucca
- 1/2 tazza di tofu extra duro, sbriciolato
- 2 cucchiai di prezzemolo fresco tritato
- Pizzicare la noce moscata macinata
- Sale e pepe nero appena macinato
- 1 vegano Impasto per pasta
- 2 o 3 scalogni medi, affettati
- 1 tazza di piselli surgelati, scongelati

Indicazioni

a) In un robot da cucina, unire la zucca, il tofu, il lievito alimentare, il prezzemolo, la noce moscata e sale e pepe a piacere. Accantonare.

b) Tagliare l'impasto a strisce larghe 2 pollici. Metti 1 cucchiaino colmo di ripieno su 1 striscia di pasta, a circa 1 pollice dalla cima.

c) Mettere un altro cucchiaino di ripieno sulla striscia di pasta, circa un centimetro sotto il primo cucchiaio di ripieno.
d) Bagnare leggermente i bordi dell'impasto con acqua e adagiare una seconda striscia di pasta sopra la prima, coprendo il ripieno.
e) Premere insieme i due strati di pasta tra le porzioni di ripieno. Usa un coltello per tagliare i lati dell'impasto per renderlo dritto, quindi tagliare l'impasto tra ogni mucchietto di ripieno per ottenere dei ravioli quadrati.
f) Trasferire i ravioli su un piatto infarinato e ripetere con l'impasto e la salsa rimanenti. Accantonare.

g) Scaldare l'olio in una padella capiente a fuoco medio. Aggiungere lo scalogno e cuocere, mescolando periodicamente, per circa 15 minuti, o fino a quando lo scalogno sarà ben dorato ma non bruciato. Aggiungere i piselli e condire con sale e pepe a piacere.

h) Cuocete i ravioli in una pentola capiente di acqua bollente salata finché non vengono a galla, circa 5 minuti. Scolare bene e unire con lo scalogno e i piselli in padella.

i) Cuocete per un minuto o due per far amalgamare i sapori prima di trasferirli in una ciotola capiente.

j) Servire subito.

TAGLIARE LA PASTA

48. Fettuccine ai cannolicchi

SERVI 4-6

ingredienti
- 454 g di scorze di Parmigiano-Reggiano
- 1 cucchiaio di pepe nero in grani
- 2 qt (1,9 l) di acqua
- 1 bulbo d'aglio
- Olio d'oliva
- Pasta all'uovo
- Olio d'oliva
- 1 bulbo di finocchio, affettato
- 1 cipolla, tagliata a dadini piccoli
- 2 spicchi d'aglio, tritati
- Cannolicchi da 4 libbre (1,8 kg).
- 4 once (113 g) di baccalà
- 1 tazza (237 ml) di vino bianco
- 1 mazzetto di aneto, tritato
- Sale kosher
- Pepe nero appena macinato

- Pane italiano

- Olio extravergine d'oliva

Indicazioni

a) Per fare il brodo, aggiungere le scorze di Parmigiano-Reggiano ei grani di pepe ad acqua in una pentola capiente a fuoco medio-alto. Portare ad ebollizione. Abbassate il fuoco e fate sobbollire, mescolando di tanto in tanto per evitare che il formaggio si attacchi al fondo della pentola. Cuocere finché il brodo non sarà saporito e ridotto della metà, circa 2 ore.

b) Preriscaldare il forno a 204°C (400°F). Tagliare la parte superiore dell'intero bulbo d'aglio. Adagiatele su un foglio di alluminio e irrorate con un filo di olio extravergine di oliva. Arrostire per circa 45 minuti. Lasciar raffreddare e poi spremere i chiodi di garofano in una ciotola e schiacciarli. Spolverate due teglie con farina di semola.

c) Per preparare l'impasto all'aglio arrosto, seguire le istruzioni per l'impasto all'uovo, incorporando l'aglio arrosto schiacciato con gli ingredienti umidi. Per fare la pasta, stendete la pasta fino a quando la sfoglia non avrà uno spessore di circa 1,6 mm.

d) Taglia i fogli stesi in sezioni da 12 pollici (30 cm) e, lavorando in lotti, impila circa 4 fogli uno sopra l'altro, spolverando generosamente la semola tra gli strati. Piegare l'impasto al centro e poi di nuovo all'altra estremità, come una lettera, per formare 3 strati. Usando un coltello, taglia l'impasto piegato in strisce da $\frac{1}{4}$ di pollice (6 mm). Con le mani scrollate di dosso la semola e formate la pasta in piccoli nidi. Adagiate le fettuccine sulle teglie spolverate di semola.

e) Portare a bollore una grande pentola d'acqua.

f) Per cuocere i frutti di mare, in una padella capiente a fuoco medio-alto, un filo d'olio d'oliva. Aggiungere il finocchio, la cipolla e l'aglio e cuocere finché sono teneri, circa 5-8 minuti. Aggiungere i cannolicchi, il baccalà e il vino bianco.

g) Cuocere per circa 5-8 minuti, fino a quando il vino si sarà ridotto e l'alcol non sarà cotto. Aggiungere l'aneto e condire con sale e pepe nero appena macinato.

h) Immergete delicatamente la pasta nell'acqua e cuocetela al dente, circa 2 o 3 minuti. Quindi aggiungere la pasta cotta ai frutti di mare e mescolare per unire.

i) Per servire, dividere la pasta nelle ciotole. Versate il brodo sulla pasta. Guarnire con una fetta di crostini di pane italiano e un filo di olio extravergine di oliva.

49. Farfalle con pomodorini arrosto

SERVI 4-6

ingredienti
- Pasta all'uovo
- Olio d'oliva
- 1 spicchio d'aglio, affettato sottilmente
- 454 g di pomodori Roma, dimezzati
- 1 peperoncino calabrese, affettato sottilmente
- Sale kosher
- Pepe nero appena macinato
- Olio extravergine d'oliva
- Pecorino Romano, da grattugiare
- Basilio, strappato
- Spolverate due teglie con farina di semola.

Indicazioni

a) Per fare la pasta, stendete la pasta fino a quando la sfoglia non avrà uno spessore di circa 1,6 mm.

b) Taglia i fogli stesi in sezioni da 12 pollici (30 cm) e copri il resto con un involucro di plastica. Usando una taglierina a ruota dritta, taglia i fogli nel senso della lunghezza in strisce larghe $1\frac{1}{2}$ pollici (4 cm). Quindi taglia le strisce ogni 2 pollici (5 cm), creando dei rettangoli.

c) Con il rettangolo piatto sul tavolo, posiziona il dito indice al centro e il pollice e il medio sui lati opposti dell'impasto. Quindi avvicina il pollice e il medio all'indice, pizzicando delicatamente l'impasto arrotolato per formare la forma di un papillon. Adagiare con cura le farfalle sulle teglie spolverate di semola, distanziate tra loro.

d) Portare a bollore una pentola capiente di acqua salata.

e) In una padella ampia, a fuoco alto, aggiungere un filo di olio d'oliva, aglio, pomodori e peperoncino. Condite con sale e pepe nero appena macinato. Abbassate la fiamma al minimo e tenete al caldo mentre cuocete la pasta.

f) Immergete con cura la pasta nell'acqua bollente e cuocetela al dente, circa 2 o 3 minuti. Aggiungere la pasta nella padella con i pomodori e far saltare per unire.

g) Per servire, dividere la pasta nelle ciotole. Guarnire con un filo di olio extravergine di oliva, Pecorino Romano grattugiato e un po' di basilico spezzettato.

50. Tagliatelle primavera

SERVI 4-6

ingredienti

- Pasta all'uovo
- Olio d'oliva
- 2 spicchi d'aglio, affettati sottilmente
- 1 cipolla rossa, affettata sottilmente
- 1 zucchina verde, tagliata a dadini piccoli
- 1 zucca estiva, tagliata a dadini piccoli
- 1 peperone rosso, tagliato a dadini piccoli
- 227 g di pomodorini, tagliati a metà
- 1 mazzetto di asparagi, affettati
- 454 g di spinaci
- Sale kosher
- Pepe nero appena macinato
- Olio extravergine d'oliva
- 1 limone, sbucciato
- Parmigiano-Reggiano, da grattugiare

Indicazioni

a) Spolverate due teglie con farina di semola.

b) Per fare la pasta, stendete la pasta fino a quando la sfoglia non avrà uno spessore di circa 1,6 mm.

c) Taglia i fogli stesi in sezioni da 12 pollici (30 cm) e, lavorando in lotti, impila circa 4 fogli uno sopra l'altro, spolverando generosamente la semola tra gli strati.

d) Piegare l'impasto al centro e poi di nuovo all'altra estremità, come una lettera, per formare 3 strati. Usando un coltello, taglia l'impasto piegato in strisce larghe $\frac{1}{4}$ di pollice (6 mm). Con le mani scrollate di dosso la semola e formate la pasta in piccoli nidi. Adagiate le tagliatelle sulle teglie spolverate di semola.

e) Portare a bollore una pentola capiente di acqua salata.

f) In una padella capiente, aggiungere un filo di olio d'oliva, aglio, cipolla rossa, zucchine, zucca estiva, peperoni, pomodori e asparagi. Cuocete finché sono teneri, circa 5 minuti, quindi aggiungete gli spinaci.

g) Condite con sale e pepe nero appena macinato. Immergete con cura la pasta nell'acqua bollente e cuocetela al dente, circa 2 o 3 minuti. Aggiungere la pasta nella padella con tutte le verdure e far saltare per unire.

h) Per servire, dividere la pasta nelle ciotole. Guarnire con un filo di olio extravergine di oliva, scorza di limone e Parmigiano-Reggiano grattugiato.

51. Spaghetti alla chitarra e uovo in camicia

SERVI 4-6

ingredienti
- 3½ tazze (868 g) di sale kosher
- 3 cucchiai di pepe nero macinato
- 2 rametti di timo
- 1 rametto di rosmarino
- 3 tuorli d'uovo
- Pasta all'uovo
- 3 cucchiai (48 ml) di nero di seppia
- 1 cucchiaio (16 ml) di aceto
- 4-6 uova
- Olio extravergine d'oliva
- Peperone rosso tritato, a piacere
- Sale kosher
- Pepe nero appena macinato

Indicazioni

a) Per preparare i tuorli stagionati, mescolare in una terrina il sale, il pepe, il timo e il rosmarino. Quindi in un contenitore con fondo piatto, aggiungere circa tre quarti della miscela di sale. Con le mani fate dei pozzetti individuali per i tuorli.

b) Adagiare con cura i tuorli nel sale e ricoprire con la restante miscela di sale.

c) Coprite il contenitore e mettete in frigorifero per 3 giorni. Dopo 3 giorni, il tuorlo dovrebbe essere piuttosto sodo al tatto. Toglieteli delicatamente dal sale e spennellate l'eccesso. Mettere i tuorli singolarmente in un pezzo di stamigna o su una griglia ad asciugare per altri 3 giorni in frigorifero.

d) Per preparare gli spaghetti al nero di seppia, segui le istruzioni per la pasta all'uovo, incorporando il nero di seppia con gli ingredienti umidi. Per fare la pasta, stendete la pasta fino a quando la sfoglia non avrà uno spessore di circa 1,6 mm.

e) Spolverate due teglie con farina di semola.

f) Se stai tagliando la pasta con una chitarra, taglia le sezioni stese della stessa lunghezza della tua chitarra.

g) Spolverate generosamente entrambi i lati dell'impasto e la parte superiore delle corde con semola. Usando un mattarello, premere leggermente l'impasto per fissarlo in modo che non scivoli via. Quindi, premere con più forza per tagliare l'impasto attraverso i fili in spaghetti.

h) Scuotere la semola in eccesso e formare dei piccoli nidi. Disporre gli spaghetti sulle teglie spolverate di semola.

i) Se stai tagliando gli spaghetti a mano, taglia i fogli stesi in sezioni da 12 pollici (30 cm) e, lavorando in batch, impila circa 4 fogli uno sopra l'altro, spolverando generosamente la semola tra gli strati. Piegare l'impasto al centro e poi di nuovo all'altra estremità, come una lettera, per formare 3 strati.

j) Usando un coltello, taglia l'impasto piegato in strisce spesse 1/16 di pollice

(1,6 mm) (circa le stesse dimensioni dello spessore dell'impasto). Con le mani scrollate di dosso la semola e formate dei piccoli nidi. Disporre gli spaghetti sulla teglia spolverata di semola.

k) Portare a bollore una pentola capiente di acqua salata. Nel frattempo iniziate a lessare le uova. In una casseruola media, portare ad ebollizione l'acqua con l'aceto. Riduci a fuoco lento e fai girare lentamente l'acqua per creare un vortice. Lavorando in lotti, rompete l'uovo nell'acqua e lasciate cuocere per circa 3 minuti o fino a quando l'albume non sarà un po' sodo.

l) Scolare con cura con una schiumarola e scolare su carta assorbente. Quando tutte le uova saranno cotte, tuffate la pasta nell'acqua bollente.

m) In una padella capiente, aggiungere l'olio d'oliva e il peperoncino tritato. Aggiungere la pasta cotta nella padella e far saltare per unire. Condite con sale e pepe nero appena macinato.

n) Per servire, dividere nelle ciotole. Adagiare con cura l'uovo in camicia sopra la pasta. Guarnire con olio extravergine di oliva e tuorlo d'uovo stagionato grattugiato.

52. Pappardelle e funghi alla bolognese

SERVI 4-6

ingredienti

- Olio d'oliva
- 3 spicchi d'aglio, affettati sottilmente
- 2 carote, tagliate a dadini piccoli
- 2 gambi di sedano, tagliati a dadini piccoli
- 1 cipolla, tagliata a dadini piccoli
- 3 libbre (1,4 kg) di funghi selvatici, tagliati a dadini piccoli
- Sale kosher
- Pepe nero appena macinato
- 3 cucchiai (48 g) di concentrato di pomodoro
- 1 tazza (237 ml) di vino rosso
- 1 lattina (794 g) di pomodori schiacciati
- 1 mazzetto di timo
- 1 mazzetto di prezzemolo italiano a foglia piatta

- Pasta all'uovo

- Parmigiano-Reggiano, da grattugiare

- Basilico, affettato sottilmente

Indicazioni

a) Per fare i funghi alla bolognese, in una pentola capiente a fuoco medio, aggiungete un filo d'olio d'oliva. Quindi aggiungere l'aglio, le carote, il sedano, la cipolla e i funghi. Condite con sale e pepe nero appena macinato e cuocete finché non saranno morbide, circa 4 minuti. Aggiungere il concentrato di pomodoro e cuocere per circa un minuto, mescolando spesso.

b) Aggiungere il vino rosso e farlo ridurre della metà, circa 2 minuti. Quindi aggiungere i pomodorini schiacciati, il timo e il prezzemolo tritato. Abbassate la fiamma al minimo e lasciate cuocere per circa 45 minuti.

c) Spolverate due teglie con farina di semola.

d) Per fare la pasta, stendete la pasta fino a quando la sfoglia non avrà uno spessore di circa 1,6 mm.

e) Taglia i fogli stesi in sezioni da 12 pollici (30 cm) e, lavorando in lotti, impila circa 4 fogli uno sopra l'altro, spolverando generosamente la semola tra gli strati.

f) Piegare l'impasto al centro e poi di nuovo all'altra estremità, come una lettera, per formare 3 strati. Usando un coltello, taglia l'impasto piegato in strisce da 2,5 cm. Con le mani scrollate di dosso la semola e formate la pasta in piccoli nidi. Adagiate le pappardelle sugli stampini spolverati di semola.

g) Portare a bollore una pentola capiente di acqua salata.

h) In una padella capiente, a fuoco medio, aggiungete un filo d'olio d'oliva e qualche fungo alla bolognese. Immergete con cura la pasta nell'acqua bollente e cuocetela al dente, circa 2 o 3 minuti. Aggiungere la pasta nella padella con il sugo e far saltare per unire.

i) Per servire, dividere la pasta nelle ciotole. Guarnire con parmigiano reggiano grattugiato e basilico.

j) Usando un coltello affilato, taglia l'impasto piegato in strisce da 2,5 cm.

53. Mafaldine al cacao con quaglie

SERVI 4-6

ingredienti
- 4 quaglie, disossate
- Sale kosher
- Pepe nero appena macinato
- Olio d'oliva
- 1 carota, tagliata a dadini piccoli
- 2 gambi di sedano, tagliati a dadini piccoli
- 1 cipolla, tagliata a dadini piccoli
- 3 spicchi d'aglio, tritati
- 227 g di pomodorini
- 2 cucchiai (32 g) di concentrato di pomodoro
- 1 tazza (237 ml) di vino rosso
- 2 tazze (472 ml) di brodo di pollo
- 1 foglia di alloro
- 1 mazzetto di timo

- Pasta all'uovo

- 3 cucchiai (21 g) di cacao in polvere

- 1 mazzetto di erba cipollina, affettata sottilmente

- $\frac{1}{2}$ tazza (58 g) di noci, tritate grossolanamente

Indicazioni

a) Preriscaldare il forno a 177°C (350°F).

b) Per preparare il ragù di quaglia, condite generosamente la quaglia con sale e pepe nero appena macinato. In un grande forno olandese, a fuoco vivo, aggiungere un filo di olio d'oliva e le quaglie. Rosolare su tutti i lati, circa 2 minuti per lato. Accantonare. Nella stessa pentola aggiungete un filo d'olio d'oliva, la carota, il sedano, la cipolla, l'aglio e i pomodori.

c) Cuocere fino a quando non sarà morbido, circa 2 minuti. Quindi aggiungere il concentrato di pomodoro e cuocere per circa 1 minuto, mescolando spesso.

Aggiungere il vino rosso e farlo ridurre della metà, circa 2 minuti. Aggiungere il brodo di pollo, l'alloro e il timo e condire con sale e pepe nero appena macinato. Riporta la quaglia al forno olandese e porta a bollore. Coprire e mettere in forno.

d) Cuocere per circa 2 ore o fino a quando la carne è tenera. Eliminate la foglia di alloro prima di servire.

e) Spolverate due teglie con farina di semola.

f) Per preparare la pasta al cacao, seguire le istruzioni per la pasta all'uovo, incorporando il cacao in polvere con gli ingredienti secchi.

g) Per fare la pasta, stendete la pasta fino a quando la sfoglia non sarà appena traslucida. Taglia i fogli stesi in sezioni da 12 pollici (30 cm) e copri il resto con un involucro di plastica.

h) Stendete le sfoglie su un piano di lavoro asciutto e, utilizzando un cutter scanalato, tagliate le sfoglie di pasta nel senso della lunghezza in strisce da $\frac{1}{4}$ di pollice (6 mm). Con le mani scrollate di dosso la semola e disponete le mafaldine sulle teglie spolverate di semola.

i) Portare a bollore una pentola capiente di acqua salata.

j) In una padella capiente, a fuoco medio, aggiungete un po' di ragù di quaglie. Immergete con cura la pasta nell'acqua bollente e cuocetela al dente, circa 2 o 3 minuti. Unite la pasta cotta al ragù e fate insaporire.

k) Per servire, dividere la pasta nelle ciotole. Guarnire con erba cipollina e noci tritate.

54. Fettuccine alle erbe con cozze

SERVI 4-6

ingredienti

- ½ tazza (118 ml) di olio d'oliva
- 1 mazzetto di prezzemolo italiano a foglia piatta
- 1 mazzetto di aneto
- 1 mazzetto di dragoncello
- Pasta all'uovo
- Olio d'oliva
- 3 spicchi d'aglio, affettati sottilmente
- 3 libbre (1,4 kg) di cozze
- 2 tazze (472 ml) di vino bianco
- Olio d'oliva
- 4 once (113 g) di speck, tagliato a ½ pollice
- (12 mm) pezzi
- Sale kosher
- Pepe nero appena macinato

- Pepe di Espelette, qb
- Prezzemolo italiano a foglia piatta, raccolto

Indicazioni

a) In un robot da cucina, aggiungere l'olio d'oliva, il prezzemolo, l'aneto e il dragoncello. Lavorare fino a che non sarà completamente liscio.

b) Per fare la pasta alle erbe, segui le istruzioni per Pasta all'uovo, incorporando la purea di erbe aromatiche con gli ingredienti umidi.

c) Spolverate due teglie con farina di semola.

d) Per fare la pasta, stendete la pasta fino a quando la sfoglia non avrà uno spessore di circa 1,6 mm.

e) Taglia i fogli stesi in sezioni da 12 pollici (30 cm) e, lavorando in lotti, impila circa 4 fogli uno sopra l'altro, spolverando generosamente la semola tra gli strati.

f) Piegare l'impasto al centro e poi di nuovo all'altra estremità, come una lettera, per formare 3 strati. Usando un coltello, taglia l'impasto piegato in strisce da $\frac{1}{4}$ di pollice (6 mm). Con le mani scrollate di dosso la semola e formate la pasta in piccoli nidi. Adagiate le fettuccine sulle teglie spolverate di semola.

g) In una pentola capiente, a fuoco vivo, aggiungete un filo d'olio d'oliva e l'aglio. Quindi aggiungere le cozze e il vino bianco. Coprire e lasciare cuocere le cozze a vapore, per circa 5-6 minuti. Quando tutti i gusci si saranno aperti, togliete dal fuoco e lasciate raffreddare. Togliere la carne dai gusci e mettere da parte.

h) Portare a bollore una pentola capiente di acqua salata.

i) In una padella capiente, a fuoco medio-alto, aggiungete un filo d'olio d'oliva e lo speck. Cuocete per circa 3 minuti e poi immergete la pasta nell'acqua bollente. Cuocere fino al dente, circa 2 o 3 minuti.

Aggiungere la pasta nella padella con le cozze e far saltare per unire. Condite con sale e pepe nero appena macinato.

j) Per servire, dividere la pasta nelle ciotole. Guarnire con pepe di Espelette e prezzemolo.

55. Pizzoccheri al grana padana

SERVI 4-6

ingredienti

- 1 tazza (120 g) di farina di grano saraceno
- 2¼ tazze (286 g) di farina 00
- 1 cucchiaio (16 g) di sale kosher
- 14 tuorli d'uovo
- 2 cucchiaini di olio extravergine di oliva
- 454 g di patate fingerling
- 2 rametti di rosmarino
- Olio d'oliva
- 1 mazzetto di bietole, private delle coste,
- tagliato a pezzi
- 1 spicchio d'aglio, tritato
- Sale kosher
- Pepe nero appena macinato
- ¼ di tazza (58 g) di burro non salato
- Grana Padano, da grattugiare

Indicazioni

a) Per fare l'impasto dei pizzoccheri, su un piano di lavoro asciutto, impastare la farina di grano saraceno, la farina 00 e il sale. Forma un cumulo di circa 25 cm di diametro. Aiutandovi con le mani, create una fontana al centro del composto di farina e sale. Versare lentamente al centro i tuorli d'uovo e l'olio e sbattere delicatamente. A poco a poco lavorate la farina usando le dita o una forchetta. Unire la farina, i tuorli d'uovo e l'olio fino a quando non saranno completamente incorporati. Se l'impasto si attacca al piano di lavoro, aggiungi un po' di farina. Se l'impasto sembra asciutto, spruzzare un po' d'acqua per legarlo insieme.

b) Una volta che l'impasto avrà formato una palla, iniziate ad impastarlo spingendo con il palmo della mano e ruotandolo. Impastare l'impasto per circa 10-15 minuti. L'impasto ha avuto un impasto sufficiente quando ha un aspetto liscio e rinasce quando lo si preme.

c) Avvolgere bene l'impasto con pellicola trasparente e lasciare riposare per almeno 30 minuti a temperatura ambiente prima di utilizzarlo.

d) In una casseruola media, a fuoco alto, aggiungete i bastoncini e il rosmarino con acqua a sufficienza per coprirli. Portare ad ebollizione. Cuocere fino a quando le patate non sono parzialmente cotte, da circa 8 a 10 minuti. Lasciateli raffreddare e poi tagliateli a metà nel senso della lunghezza.

e) Spolverate due teglie con farina di semola. Per fare la pasta, stendete la pasta fino a quando la sfoglia non avrà uno spessore di circa 1/16 di pollice (1,6 mm).

f) Taglia i fogli stesi in sezioni da 12 pollici (30 cm) e lavorando in lotti impila circa 4 fogli uno sopra l'altro, spolverando generosamente la semola tra gli strati.

g) Usando un tagliapasta dritto, taglia l'impasto accatastato in strisce da $\frac{1}{2}$ pollice (12 mm) per 3 pollici (7,5 cm).

Adagiate i pizzoccheri sulle teglie spolverate di semola.

h) Portare a bollore una pentola capiente di acqua salata. Nel frattempo, in una padella capiente, a fuoco medio-alto, aggiungete un filo d'olio d'oliva e le fettine di rondelle (con la parte tagliata verso il basso).

i) Far rosolare le patate per circa 2 minuti, quindi aggiungere le bietole e l'aglio. Condite con sale e pepe nero appena macinato. Abbassate la fiamma e mettete la pasta nell'acqua bollente. Cuocere fino al dente, circa 1 o 2 minuti. Aggiungere la pasta nella padella con le bietole e far saltare per unire.

j) Aggiungere il burro e grattugiare con del Grana Padano. Per servire, dividere nelle ciotole. Guarnire con altro Grana Padano grattugiato.

56. Tagliarini alle olive cerignola

SERVI 4-6

ingredienti
- Pasta all'uovo
- Olio d'oliva
- 1 spicchio d'aglio, tritato
- 1 tazza (180 g) di olive di Cerignola, denocciolate
- 4 filetti di acciughe, tritati
- 60 g di capperi, tritati
- 1 mazzetto di prezzemolo, tritato
- Sale kosher
- Pepe nero appena macinato
- ¼ tazza (45 g) di Parmigiano-Reggiano grattugiato
- Olio extravergine d'oliva
- 1 limone, sbucciato

Indicazioni
a) Spolverate due teglie con farina di semola.

b) Per fare la pasta, stendete la pasta fino a quando la sfoglia non avrà uno spessore di circa 1,6 mm.

c) Taglia i fogli stesi in sezioni da 12 pollici (30 cm) e, lavorando in lotti, impila circa 4 fogli uno sopra l'altro, spolverando generosamente la semola tra gli strati.

d) Piegare l'impasto al centro e poi di nuovo all'altra estremità, come una lettera, per formare 3 strati. Usando un coltello, taglia l'impasto piegato in strisce da $\frac{1}{8}$ pollici (3 mm). Con le mani scrollate di dosso la semola e formate la pasta in piccoli nidi. Adagiate i tagliarini sulle teglie spolverate di semola.

e) Portare a bollore una pentola capiente di acqua salata.

f) In una padella capiente, a fuoco medio, aggiungete un filo di olio d'oliva, aglio, olive, acciughe, capperi, prezzemolo, sale e pepe e mescolate per amalgamare. Immergete con cura la pasta nell'acqua bollente e cuocetela al dente, circa 2 o 3 minuti. Aggiungere la pasta nella padella con il Parmigiano-Reggiano grattugiato e far saltare per unire.

g) Per servire, dividere nelle ciotole. Guarnire con olio extravergine di oliva e scorza di limone.

57. Spaghetti cacio e pepe

SERVI 4-6

ingredienti

- Pasta all'uovo

- ½ tazza (115 g) di burro non salato

- Pepe nero appena macinato

- ¾ tazza (75 g) di pecorino grattugiato

- Romano, più altro per guarnire

- Olio extravergine d'oliva

Indicazioni

a) Spolverate due teglie con farina di semola.

b) Per fare la pasta, stendete la pasta fino a quando la sfoglia non avrà uno spessore di circa 1,6 mm.

c) Taglia i fogli stesi in sezioni da 12 pollici (30 cm) e, lavorando in lotti, impila circa 4 fogli uno sopra l'altro, spolverando generosamente la semola tra gli strati.

d) Piegare l'impasto al centro e poi di nuovo all'altra estremità, come una lettera, per formare 3 strati. Usando un coltello, taglia l'impasto piegato in strisce spesse 1/16 di pollice (1,6 mm) (circa le stesse dimensioni dello spessore dell'impasto).

e) Con le mani scrollate di dosso la semola e formate la pasta in piccoli nidi. Disporre gli spaghetti sulle teglie spolverate di semola.

f) Portare a bollore una pentola capiente di acqua salata.

g) In una padella capiente, a fuoco medio-alto, aggiungere il burro e farlo sciogliere. Nel frattempo, tuffate con cura la pasta nell'acqua bollente e cuocetela al dente, circa 2-3 minuti. Aggiungere la pasta nella padella con il burro e far saltare per unire. Condite generosamente con pepe nero macinato fresco e Pecorino Romano grattugiato.

h) Per servire, dividere la pasta nelle ciotole. Guarnire con olio d'oliva e altro Pecorino Romano grattugiato.

58. Stracci di castagne con costine di maiale

SERVI 4-6

ingredienti

- Costine di maiale da 4 libbre (1,8 kg).
- Sale kosher
- Pepe nero appena macinato
- Olio d'oliva
- 2 pere, tagliate a dadini piccoli
- 3 spicchi d'aglio, tritati
- 1 cipolla, tagliata a dadini piccoli
- 2 carote, tagliate a dadini piccoli
- 2 gambi di sedano, tagliati a dadini piccoli
- 1 tazza (237 ml) di brodo di pollo
- 1 lattina (794 g) di pomodori schiacciati
- 1 mazzetto di prezzemolo italiano a foglia piatta
- Pasta all'uovo
- 3 cucchiai (17 g) di farina di castagne

- Olio d'oliva

- Prezzemolo italiano a foglia piatta, tritato

- Parmigiano-Reggiano, da grattugiare

Indicazioni

a) Preriscaldare il forno a 190°C (375°F).

b) Per preparare le costine di maiale brasate, condite generosamente le costine con sale e pepe nero appena macinato. In un grande forno olandese, a fuoco vivo, aggiungere un filo di olio d'oliva. Lavorando in lotti, rosolate le costine, circa 2 minuti per lato, e tenete da parte. Aggiungere un altro filo di olio d'oliva, le pere, l'aglio, la cipolla, le carote e il sedano e cuocere fino a quando non saranno morbidi, circa 3-4 minuti.

c) Quindi aggiungere il brodo di pollo, i pomodori e il prezzemolo. Condite con sale e pepe nero appena macinato. Coprire e mettere in forno. Cuocere per circa 2 ore o fino a quando la carne non si staccherà dall'osso. Lasciar raffreddare e scartare le costine. Tenere caldo.

d) Spolverate due teglie con farina di semola.

e) Per preparare l'impasto di castagne, seguire le istruzioni per l'impasto all'uovo, incorporando la farina di castagne con gli ingredienti secchi.

f) Per fare la pasta, stendete la pasta fino a quando la sfoglia non avrà uno spessore di circa 1/16 di pollice (1,6 mm).

g) Taglia i fogli arrotolati in sezioni da 12 pollici (30 cm) e copri il resto con un involucro di plastica.

h) Stendete le sfoglie su un piano di lavoro asciutto e, utilizzando un tagliapasta o un coltello, tagliate le sfoglie in quadrati di 5 cm. Adagiare con cura gli Stracci sulle teglie spolverate di semola, distanziati tra loro.

i) Portare a bollore una pentola capiente di acqua salata.

j) In una padella capiente, a fuoco medio-alto, aggiungete un filo d'olio d'oliva e un po' di ragù di costolette di maiale brasate. Immergete con cura la pasta nell'acqua bollente e cuocetela al dente, circa 2 o 3 minuti. Aggiungere la pasta nella padella con il maiale e far saltare per unire.

k) Per servire, dividere la pasta nelle ciotole. Guarnire con prezzemolo e Parmigiano-Reggiano grattugiato.

59. Garganelli alle erbe con carciofi

SERVI 4-6

ingredienti

- ½ tazza (118 ml) di olio d'oliva
- 1 mazzetto di prezzemolo italiano a foglia piatta
- 1 mazzetto di aneto
- 1 mazzetto di dragoncello
- Pasta all'uovo
- 2 limoni, 1 spremuto, 1 sbucciato
- 4 carciofi medi
- ¼ di tazza (59 ml) di olio d'oliva
- 1 cipolla, tagliata a dadini
- 2 spicchi d'aglio, schiacciati
- 1 mazzetto di prezzemolo
- 1 tazza (237 ml) di vino bianco
- 1 tazza (237 ml) di brodo di pollo
- ½ tazza (115 g) di burro non salato
- Olio d'oliva

- 1 spicchio d'aglio, affettato sottilmente
- 1 limone Meyer, succo e scorza
- Sale kosher
- Pepe nero appena macinato
- Pecorino Romano, da grattugiare

Indicazioni

a) In un robot da cucina, aggiungere l'olio d'oliva, il prezzemolo, l'aneto e il dragoncello. Lavorare fino a che non sarà completamente liscio. Per preparare i garganelli alle erbe, seguire le istruzioni per l'impasto all'uovo, incorporando la purea di verdure con gli ingredienti umidi.

b) Spolverate due teglie con farina di semola. Per fare la pasta, stendete la pasta fino a quando la sfoglia non avrà uno spessore di circa 1,6 mm.

c) Taglia i fogli stesi in sezioni da 12 pollici (30 cm) e copri il resto con un involucro di plastica. Stendete le sfoglie su un piano di lavoro asciutto e, aiutandovi con una rotella dritta o un coltello, tagliate le sfoglie in quadrati di 5 cm.

d) Posiziona il quadrato tagliato sulla tavola dei garganelli in diagonale in modo che assomigli a un diamante. Posiziona il tassello di legno sul fondo del diamante e arricciaolo sopra.

e) Usando una leggera pressione, fai rotolare il tassello lontano da te per formare la forma di garganelli a tubo. Disporre la pasta nelle teglie spolverate di semola, distanziate tra loro.

f) Per brasare i carciofi, riempire una ciotola capiente con acqua e il succo di 1 limone, unendo anche le metà del limone. Sciacquare ogni carciofo e togliere $\frac{1}{2}$ pollice (12 mm) dal gambo. Taglia 2,5 cm dalla parte superiore di ogni carciofo. Tagliate poi ogni carciofo a metà, dal gambo alla punta, ed eliminate lo strozzato con un cucchiaio. Eliminate le foglie esterne dure e mondate la parte esterna del gambo con un coltello da cucina.

g) Aggiungere i carciofi preparati nella ciotola dell'acqua e limone per evitare che prendano colore. In una grande casseruola a fuoco medio, aggiungere l'olio d'oliva, la cipolla, l'aglio e il prezzemolo e cuocere per circa 3 minuti o fino a quando non saranno traslucidi. Aggiungere i carciofi puliti e il vino bianco.

h) Far ridurre della metà il vino bianco, circa 2 minuti. Aggiungere il brodo di pollo, la scorza di 1 limone e il burro; coprire e cuocere per circa 20 minuti a fuoco basso, fino a quando saranno teneri.

i) Portare a bollore una pentola capiente di acqua salata. In una padella capiente, a fuoco medio-alto, aggiungete un filo d'olio d'oliva, l'aglio e i carciofi brasati. Immergete con cura la pasta nell'acqua bollente e cuocetela al dente, circa 2 o 3 minuti.

j) Aggiungere la pasta cotta nella padella con il succo di limone e far saltare per unire. Condite con sale e pepe nero appena macinato.

k) Per servire, dividere la pasta nei piatti. Guarnire con scorza di limone e pecorino romano grattugiato.

60. Cappellacci e caponata di melanzane

SERVI 4-6

ingredienti

- Pasta all'uovo
- Olio d'oliva
- 1 cipolla, tagliata a dadini piccoli
- 1 spicchio d'aglio, tritato
- 1 melanzana grande, sbucciata e tagliata a dadini
- 3 cucchiai (48 g) di concentrato di pomodoro
- 3 cucchiai (45 g) di capperi, tritati
- 1 mazzetto di prezzemolo italiano a foglia piatta
- Sale kosher
- Pepe nero appena macinato
- $\frac{1}{4}$ di tazza (32 g) di noci pignoli, tostate
- Basilio, strappato
- Parmigiano-Reggiano, da grattugiare

Indicazioni

a) Spolverate due teglie con farina di semola.

b) Per fare la pasta, stendete la pasta fino a quando la sfoglia non avrà uno spessore di circa 1,6 mm.

c) Taglia i fogli stesi in sezioni da 12 pollici (30 cm) e copri il resto con un involucro di plastica. Stendi i fogli su una superficie di lavoro asciutta e, usando un taglierino rotondo da 2 pollici (5 cm), taglia dei cerchi nel foglio. Per formare la pasta, avvolgere ogni giro di pasta intorno al dito indice in modo da formare un cono a punta aperta.

d) Sigillare la pasta sui bordi e arricciare delicatamente il fondo della pasta. Trasferire con cura i cappellacci dei briganti nelle teglie spolverate di semola, in piedi e distanziati tra loro.

e) Per fare la caponata di melanzane, in una padella capiente, a fuoco medio-basso, aggiungere un filo d'olio d'oliva, cipolla, aglio e melanzane. Cuocere fino a quando le melanzane sono molto morbide e si rompono, per circa 6-8 minuti. Quindi aggiungere il concentrato di pomodoro, i capperi e il prezzemolo e condire con sale e pepe nero appena macinato. Tenere caldo.

f) Portare a bollore una pentola capiente di acqua salata. Immergete con cura la pasta nell'acqua bollente e cuocetela al dente, circa 2 o 3 minuti. Aggiungere la pasta nella padella con la caponata e un po' d'acqua della pasta. Mescolare per unire.

g) Per servire, dividere la pasta nelle ciotole. Guarnire con pignoli, basilico e Parmigiano-Reggiano grattugiato.

61. Farfalle di inchiostro con polpo

SERVI 4–6

ingredienti

- Pasta all'uovo
- 3 cucchiai (48 ml) di nero di seppia
- 1 (3 libbre [1,4 kg]) polpo
- ¼ di tazza (59 ml) di olio d'oliva
- 1 cipolla, tagliata in quattro
- 1 spicchio d'aglio
- 1 mazzetto di prezzemolo
- 1 tazza (237 ml) di vino bianco
- 2 foglie di alloro
- 3 pomodori, tritati
- Olio d'oliva
- 1 bulbo di finocchio, affettato sottilmente, le fronde
- riservato
- 1 peperoncino calabrese, affettato sottilmente

- 1 lattina (440 g) di ceci

- Sale kosher

- Pepe nero appena macinato

- 1 limone, succo e scorza

Indicazioni

a) Per preparare l'impasto al nero di seppia, seguire le istruzioni per l'impasto all'uovo, incorporando il nero di seppia con gli ingredienti umidi. Per fare la pasta, stendete la pasta fino a quando la sfoglia non avrà uno spessore di circa 1,6 mm.

b) Spolverate due teglie con farina di semola.

c) Per fare la pasta, tagliare le sfoglie arrotolate in sezioni da 12 pollici (30 cm) e coprire il resto con pellicola trasparente. Usando una taglierina a ruota dritta, taglia i fogli nel senso della lunghezza in strisce larghe $1\frac{1}{2}$ pollici (3,8 cm). Quindi taglia le strisce ogni 2 pollici (5 cm), creando dei rettangoli.

d) Con il rettangolo piatto sul tavolo, posiziona il dito indice al centro e il pollice e il medio sui lati opposti dell'impasto. Quindi avvicina il pollice e il medio all'indice, pizzicando delicatamente l'impasto arrotolato per formare la forma di un papillon. Adagiatele con cura sulle teglie spolverate di semola, distanziate tra loro.

e) Per brasare il polpo, in una pentola capiente, a fuoco vivo, aggiungere il polpo, l'olio d'oliva, la cipolla, l'aglio, il prezzemolo, il vino bianco, le foglie di alloro e i pomodori. Abbassate la fiamma, coprite e lasciate cuocere finché non saranno teneri, circa 1 ora e mezza o 2 ore. Tagliate a pezzi il polpo raffreddato. Eliminate la foglia di alloro prima di servire.

f) Portare a bollore una pentola capiente di acqua salata.

g) In una larga padella di ghisa, a fuoco vivace, aggiungete un filo d'olio d'oliva e il polpo tagliato. Scolate il polpo, cuocendolo per circa 1 minuto per lato. Accantonare. Nella stessa padella, a fuoco medio, aggiungere un filo di olio d'oliva, finocchi, peperoncino e ceci. Condite con sale e pepe nero appena macinato.

h) Aggiungere con cura la pasta all'acqua bollente e cuocere al dente, circa 2 o 3 minuti. Aggiungere la pasta cotta nella padella con i ceci e far saltare per unire. Rimettete in padella il polpo scottato e fate saltare.

i) Per servire, dividere la pasta nei piatti. Guarnire con succo di limone e scorza di limone.

62. Corzetti alla menta con salsiccia di agnello

SERVI 4-6

ingredienti
- 1 mazzetto di menta
- 1 tazza (237 ml) di vino bianco
- 3 tazze (381 g) di farina 00
- 2 uova
- Olio d'oliva
- 1 libbra di salsiccia di agnello, rimossa dall'involucro
- 3 spicchi d'aglio, tritati
- 454 g di broccoli di rapa, tritati
- Limone, succo e scorza
- Peperone rosso tritato, a piacere
- Sale kosher
- Pepe nero appena macinato

Indicazioni

a) Per preparare l'impasto dei corzetti alla menta, unire la menta e il vino bianco in un robot da cucina e frullare fino ad ottenere un composto liscio. Mettere la farina 00 su un piano di lavoro asciutto.

b) Forma un cumulo di circa 25 cm di diametro. Aiutandovi con le mani, create un pozzo al centro della farina. Versare lentamente al centro le uova e l'emulsione di menta/vino e sbattere delicatamente. A poco a poco lavorate la farina, aiutandovi con le dita o una forchetta.

c) Unire la miscela di farina e uova fino a quando non sarà completamente incorporata. Se l'impasto si attacca al piano di lavoro, aggiungi un po' di farina. Se l'impasto sembra asciutto, spruzzare un po' d'acqua per legarlo insieme.

d) Una volta che l'impasto avrà formato una palla, iniziate ad impastarlo spingendo con il palmo della mano e ruotandolo. Impastare l'impasto per circa 10-15 minuti. L'impasto ha avuto un impasto sufficiente quando ha un aspetto liscio e rinasce quando lo si preme. Avvolgere bene l'impasto con pellicola trasparente e lasciare riposare per almeno 30 minuti a temperatura ambiente prima di utilizzarlo.

e) Spolverate due teglie con farina di semola. Per fare i corzetti, stendete la pasta fino a quando la sfoglia non avrà uno spessore di circa 1,6 mm.

f) Taglia i fogli stesi in sezioni da 12 pollici (30 cm) e copri il resto con un involucro di plastica. Stendete le sfoglie su un piano di lavoro asciutto e, aiutandovi con un stampino corzetti, ritagliate l'impasto a rondelle utilizzando la parte inferiore del stampino.

g) Posizionare il taglio rotondo tra le due parti del timbro e applicare una leggera pressione. Se non hai un francobollo corzetti, puoi semplicemente usare un taglierino rotondo da 2 pollici (5 cm) per tagliare dei cerchi. Disporre con cura i corzetti sulle teglie spolverate di semola e lasciarli scoperti fino al momento della cottura.

h) Portare a bollore una pentola capiente di acqua salata. In una padella capiente, a fuoco medio-alto, aggiungete un filo d'olio d'oliva, la salsiccia di agnello e l'aglio. Cuocere fino a doratura, circa 5-6 minuti. Aggiungere i broccoli di rapa nella padella con la salsiccia e cuocere finché non appassiscono, circa 2 o 3 minuti.

i) Condire con succo di limone, scorza di limone, peperoncino tritato, sale e pepe macinato fresco. Abbassate la fiamma al minimo e tenete al caldo.

j) Immergete con cura la pasta nell'acqua bollente e cuocetela al dente, circa 2 o 3 minuti. Aggiungere la pasta nella padella dei broccoli e far saltare per unire. Per servire, dividere la pasta nei piatti.

63. Fazzoletti alle erbe con tonno

SERVI 4-6

ingredienti

- Pasta all'uovo
- Erbe o fiori commestibili
- Olio d'oliva
- 2 spicchi d'aglio, tritati
- 1 bulbo di finocchio, affettato sottilmente, fronde
- riservato
- 1 scatola (5 once [142 g]) di tonno in olio d'oliva
- 1 tazza (180 g) di olive di Castelvetrano, snocciolate e tritate
- 1 limone, succo e scorza
- Sale kosher
- Pepe nero appena macinato

Indicazioni

a) Spolverate due teglie con farina di semola.

b) Per fare la pasta, stendete la pasta fino a quando la sfoglia non sarà appena traslucida.

c) Taglia i fogli arrotolati in sezioni da 12 pollici (30 cm) e copri il resto con un involucro di plastica.

d) Adagiare le sfoglie su un piano di lavoro asciutto e adagiare le erbe aromatiche su tutta la sfoglia, distanziate tra loro. Adagiare sopra un'altra sfoglia di pasta e premere per sigillare. Passare nuovamente la sfoglia nella macchina o arrotolare a mano per sigillare le erbe aromatiche. Usando una rotella dritta o un coltello, taglia le sfoglie di pasta in quadrati da 2 pollici (5 cm).

e) Adagiare con cura i fazzoletti sulle teglie spolverate di semola, distanziati tra loro.

f) Portare a bollore una grande pentola d'acqua.

g) In una padella ampia, a fuoco medio, aggiungere un filo di olio d'oliva, aglio, finocchi, tonno e olive. Immergete con cura la pasta nell'acqua bollente e cuocetela al dente, circa 2 o 3 minuti. Aggiungere la pasta nella padella e condire con succo di limone, scorza di limone, sale e pepe nero appena macinato.

h) Per servire, dividere la pasta nelle ciotole. Guarnire con le fronde di finocchio.

64. Sorprese con zucca arrosto

SERVI 4-6

ingredienti
- Olio d'oliva
- 2 spicchi d'aglio
- 1 zucca butternut, sbucciata e tagliata
- in cubetti da ½ pollice (12 mm).
- Peperone rosso tritato, a piacere
- Sale kosher
- Pepe nero appena macinato
- Pasta all'uovo
- Olio d'oliva
- ¼ di tazza (58 g) di burro non salato
- Sale kosher
- Pepe nero appena macinato
- ¼ tazza di nocciole, tritate, tostate
- Parmigiano-Reggiano, da grattugiare
- Menta, strappata

Indicazioni

a) Preriscaldare il forno a 177°C (350°F).

b) Per preparare la zucca arrosto, unire in una ciotola l'olio d'oliva, l'aglio, la zucca tagliata, il peperoncino tritato, il sale e il pepe nero appena macinato. Mettere su una teglia e arrostire in forno finché non saranno teneri, circa 35-40 minuti. Accantonare.

c) Spolverate due teglie con farina di semola.

d) Per fare la pasta, stendete la pasta fino a quando la sfoglia non avrà uno spessore di circa 1,6 mm.

e) Taglia i fogli stesi in sezioni da 12 pollici (30 cm) e copri il resto con un involucro di plastica. Stendete le sfoglie su un piano di lavoro asciutto e, aiutandovi con una rotella dritta o un coltello, tagliate le sfoglie in quadrati di 2,5 cm.

f) Per formare la forma, tieni l'impasto quadrato tra le mani, piega gli angoli opposti e pizzica insieme. Quindi con gli angoli liberi, piegare nella direzione opposta e pizzicare insieme. La forma dovrebbe assomigliare a un pezzo di origami. Adagiate le sorprese sulle teglie impolverate di semola, distanziate tra loro.

g) Portare a bollore una pentola capiente di acqua salata.

h) In una padella ampia, a fuoco medio-alto, aggiungere un filo di olio d'oliva, burro e zucca arrosto e mescolare per unire. Immergete con cura la pasta nell'acqua bollente e cuocetela al dente, circa 2 o 3 minuti. Aggiungere la pasta cotta nella padella e condire con sale e pepe nero appena macinato.

i) Per servire, dividere la pasta nelle ciotole. Guarnire con le nocciole tritate, il Parmigiano-Reggiano grattugiato e la menta.

PASTA AL FORNO

65. Lasagne alla ratatouille

SERVE 8-10

ingredienti

- Pasta all'uovo
- Olio extravergine d'oliva
- 3 spicchi d'aglio, tritati
- 1 tazza (237 ml) di vino rosso
- 2 (28 once [794 g]) lattine schiacciate
- pomodori
- 1 mazzetto di basilico
- Sale kosher
- Pepe nero appena macinato
- Olio d'oliva
- 1 melanzana, sbucciata e tagliata a dadini piccoli
- 1 zucchina verde, tagliata a dadini piccoli
- 1 zucca estiva, tagliata a dadini piccoli
- 2 pomodori, tagliati a dadini piccoli

- 4 spicchi d'aglio, affettati
- 1 cipolla rossa, affettata sottilmente
- Sale kosher
- Pepe nero appena macinato
- 3 tazze (390 g) di mozzarella grattugiata

Indicazioni

a) Preriscalda il forno a 177°C e porta ad ebollizione una pentola capiente di acqua salata.

b) Spolverate due teglie con farina di semola. Per fare la pasta, stendete la pasta fino a quando la sfoglia non avrà uno spessore di circa 1,6 mm.

c) Taglia i fogli arrotolati in sezioni da 12 pollici (30 cm) e posizionali su teglie fino a ottenere circa 20 fogli. Lavorando in lotti, immergi i fogli nell'acqua bollente e cuocili fino a renderli appena malleabili, circa 1 minuto. Adagiateli su carta assorbente e asciugateli.

d) Per fare la salsa, in una pentola a fuoco medio, aggiungere l'olio extravergine di oliva, l'aglio e far rosolare per circa un minuto o fino a quando non diventa traslucido. Aggiungere il vino rosso e farlo ridurre della metà. Quindi aggiungere i pomodorini tritati, il basilico e sale e pepe. Lasciate cuocere a fuoco basso per circa 30 minuti.

e) Per fare il ripieno, in una padella capiente, a fuoco vivo, aggiungete un filo di olio d'oliva, le melanzane, le zucchine, la zucca, i pomodori, l'aglio e la cipolla rossa. Condite con sale e pepe nero appena macinato.

f) Per assemblare, posizionare la salsa sul fondo di una teglia da 9 × 13 pollici (22,9 × 33 cm). Disporre i fogli di pasta, sovrapponendoli leggermente, coprendo il fondo della teglia. Aggiungere la ratatouille in modo uniforme sulle sfoglie e cospargere la mozzarella. Aggiungi lo strato successivo di sfoglie nella direzione opposta e ripeti questi strati fino a raggiungere la parte superiore o tutto il ripieno è stato utilizzato. Versare un mestolo di salsa in modo uniforme sulla sfoglia e cospargere con altra mozzarella.

g) Mettere le lasagne in forno e cuocere per circa 45 minuti a 1 ora. Lasciar raffreddare per circa 10 minuti prima di tagliare e servire.

66. Cannelloni di melanzane

SERVI 6-8

ingredienti

- Pasta all'uovo
- Olio d'oliva
- 3 spicchi d'aglio, tritati
- 1 tazza (237 ml) di vino rosso
- 2 lattine (794 g) di pomodori schiacciati
- 1 mazzetto di basilico
- Sale kosher
- Pepe nero appena macinato
- Olio d'oliva
- 1 melanzana, sbucciata e tagliata a dadini piccoli
- 4 spicchi d'aglio, affettati
- 3 rametti di rosmarino, tritati
- 4 tazze (908 g) di ricotta
- 1 tazza (130 g) di mozzarella grattugiata
- Sale kosher

- Pepe nero appena macinato

Indicazioni

a) Preriscalda il forno a 177°C e porta ad ebollizione una pentola capiente di acqua salata.

b) Spolverate due teglie con farina di semola. Per fare la pasta, stendete la pasta fino a quando la sfoglia non avrà uno spessore di circa 1,6 mm.

c) Taglia i fogli arrotolati in sezioni da 6 pollici (15 cm) e posizionali sulle teglie fino a ottenere circa 20 fogli. Lavorando in lotti, immergi i fogli nell'acqua bollente e cuocili fino a renderli appena malleabili, circa 1 minuto. Adagiateli su carta assorbente e asciugateli.

d) Per preparare la salsa, in una pentola a fuoco medio, aggiungere l'olio d'oliva e l'aglio e far rosolare per circa un minuto o fino a quando non diventa traslucido. Aggiungere il vino rosso e farlo ridurre della metà. Unite poi i pomodorini tritati, il basilico, il sale e il pepe. Lasciate cuocere a fuoco basso per circa 30 minuti.

e) Per fare il ripieno, in una padella capiente a fuoco alto, aggiungere un filo di olio d'oliva, melanzane, aglio e rosmarino e cuocere fino a quando non sarà morbido, circa 4-5 minuti. Far raffreddare e mescolare in una ciotola con la ricotta e la mozzarella. Condite con sale e pepe nero appena macinato.

f) Per assemblare, posizionare la salsa sul fondo di una teglia da 9 × 13 pollici (22,9 × 33 cm). Con la sfoglia per il lungo, adagiate circa 3 cucchiai (45 g) di ripieno sul bordo più vicino a voi. Arrotolare con cura la pasta lontano da voi, inglobando il ripieno. Disporre i cannelloni ripieni in un unico strato nella teglia. Adagiate sopra i cannelloni ancora un po' di salsa e spolverizzate con la mozzarella grattugiata.

g) Infornate i cannelloni e cuoceteli per circa 45 minuti.

67. Spinaci e taleggio rotolo

SERVI 6-8

ingredienti
- Pasta all'uovo
- Olio d'oliva
- 3 spicchi d'aglio, tritati
- 1 tazza (237 ml) di vino rosso
- 2 (28 once [794 g]) lattine schiacciate
- pomodori
- 1 mazzetto di basilico
- Sale kosher
- Pepe nero appena macinato
- Olio d'oliva
- 2 libbre (907 g) di spinaci
- 1 spicchio d'aglio, tritato
- Sale kosher
- Pepe nero appena macinato
- 227 g di taleggio grattugiato

- 2 tazze (454 g) di ricotta di pecora

- ½ tazza (90 g) di Parmigiano-Reggiano grattugiato

- 1 mazzetto di basilico, affettato sottilmente

- Parmigiano-Reggiano, da grattugiare

- Basilio, strappato

Indicazioni

a) Preriscalda il forno a 177°C e porta ad ebollizione una pentola capiente di acqua salata.

b) Spolverate due teglie con farina di semola. Per fare la pasta, stendete la pasta fino a quando la sfoglia non avrà uno spessore di circa 1,6 mm.

c) Taglia i fogli arrotolati in sezioni da 6 pollici (15 cm) e posizionali sulle teglie fino a ottenere circa 20 fogli. Lavorando in lotti, immergi i fogli nell'acqua bollente e cuocili fino a renderli appena malleabili, circa 1 minuto. Adagiateli su carta assorbente e asciugateli.

d) Per fare la salsa, in una pentola a fuoco medio, aggiungere l'olio extravergine di oliva e l'aglio e far rosolare per circa un minuto o fino a quando non diventa traslucido. Aggiungere il vino rosso e farlo ridurre della metà. Unite poi i pomodorini tritati, il basilico, il sale e il pepe. Lasciate cuocere a fuoco basso per circa 30 minuti.

e) Per fare il ripieno, in una padella capiente a fuoco medio, aggiungere un filo di olio d'oliva, spinaci e aglio. Cuocete finché gli spinaci non saranno appassiti e condite con sale e pepe nero appena macinato. Lasciarlo raffreddare. In una ciotola capiente unire gli spinaci con il Taleggio, la ricotta, il Parmigiano-Reggiano grattugiato e il basilico.

f) Per assemblare, posizionare la salsa sul fondo di una teglia da 9 × 13 pollici (22,9 × 33 cm). Con la sfoglia per il lungo, adagiate circa 3 cucchiai (45 g) di ripieno sul bordo più vicino a voi.

g) Arrotolare con cura la pasta lontano da voi, inglobando il ripieno. Quindi tagliare i rotoli in pezzi da 3 pollici (7,5 cm). Disporre il rotolo, con il ripieno rivolto verso l'alto, in un unico strato nella teglia.

h) Adagiate sopra la pasta un altro po' di salsa e spolverizzate con parmigiano reggiano grattugiato e basilico.

i) Mettere il rotolo in forno e cuocere per circa 30 minuti. Guarnire con altro basilico fresco.

68. Cannelloni scarola e salsiccia

SERVI 6-8

ingredienti
- Pasta all'uovo
- 3 cucchiai (43 g) di burro non salato
- 3 spicchi d'aglio, tritati
- 3 cucchiai (24 g) di farina
- 2 tazze (472 ml) di latte
- ¼ tazza (45 g) di Parmigiano-Reggiano grattugiato
- Sale kosher
- Pepe nero appena macinato
- Olio d'oliva
- Salsiccia italiana dolce da 8 once (227 g).
- 454 g di broccoli di rapa, tritati
- 2 spicchi d'aglio, tritati
- Peperone rosso tritato, a piacere
- Sale kosher
- Pepe nero appena macinato

- 1 tazza (227 g) di ricotta

- ½ tazza (90 g) di Parmigiano-Reggiano grattugiato

- Basilio, strappato

Indicazioni

a) Preriscalda il forno a 177°C e porta ad ebollizione una pentola capiente di acqua salata.

b) Spolverate due teglie con farina di semola. Per fare la pasta, stendete la pasta fino a quando la sfoglia non avrà uno spessore di circa 1,6 mm.

c) Taglia i fogli arrotolati in sezioni da 6 pollici (15 cm) e posizionali sulle teglie fino a ottenere circa 20 fogli. Lavorando in lotti, immergi i fogli nell'acqua bollente e cuocili fino a renderli appena malleabili, circa 1 minuto. Adagiateli su carta assorbente e asciugateli.

d) Per fare la salsa di panna, in una pentola a fuoco medio, aggiungere il burro, l'aglio e la farina per fare un roux. Cuocere per circa 2 o 3 minuti, o fino a quando non avrà un aroma di nocciola. Poi aggiungete il latte e il Parmigiano-Reggiano e mescolate bene per amalgamare. Condite con sale e pepe nero appena macinato.

e) Per fare il ripieno, in una padella capiente, irrorate d'olio d'oliva e fate rosolare la salsiccia. Quindi aggiungere le cime di rapa e l'aglio. Cuocere fino a quando i broccoli di rapa non saranno appassiti e condire con peperoncino tritato, sale e pepe nero appena macinato. Lasciarlo raffreddare. In una ciotola capiente unire la salsiccia e le cime di rapa con la ricotta e il Parmigiano-Reggiano grattugiato.

f) Per assemblare, posizionare la salsa sul fondo di una teglia da 9 × 13 pollici (22,9 × 33 cm). Con la sfoglia per il lungo, adagiate circa 3 cucchiai (45 g) di ripieno sul bordo più vicino a voi.

g) Arrotolare con cura la pasta lontano da voi, inglobando il ripieno. Disporre i cannelloni ripieni in un unico strato nella teglia. Adagiate sopra i cannelloni ancora un po' di salsa e spolverizzate con Parmigiano-Reggiano grattugiato.

h) Infornate i cannelloni e cuoceteli per circa 45 minuti. Guarnire con basilico.

69. Timballo

SERVI 6-8

ingredienti
- Pasta all'uovo
- 3 uova
- 1 tazza (180 g) di Parmigiano-Reggiano grattugiato
- 1 mazzetto di prezzemolo italiano a foglia piatta
- 3 tazze (681 g) di ricotta
- 1 tazza (227 g) di soppressata calda o dolce
- 1 uovo, sbattuto

Indicazioni

a) Preriscalda il forno a 177°C e porta ad ebollizione una pentola capiente di acqua salata.

b) Spolverate due teglie con farina di semola. Per fare la pasta, stendete la pasta fino a quando la sfoglia non avrà uno spessore di circa 1,6 mm.

c) Taglia i fogli arrotolati in sezioni da 12 pollici (30 cm) e posizionali sulle teglie fino a ottenere circa 10 fogli.

d) Lavorando in lotti, immergi i fogli nell'acqua bollente e cuocili fino a renderli appena malleabili, circa 1 minuto.

e) Adagiateli su carta assorbente e asciugateli. In una teglia a cerniera da 9 pollici (22,9 cm) leggermente unta, inizia ad adagiare le sfoglie di pasta cotte, sovrapponendole l'una all'altra e assicurandoti che la padella sia completamente coperta. La pasta dovrebbe essere abbastanza lunga da poter essere appesa ai lati della padella.

f) In una ciotola capiente unire le uova, il Parmigiano-Reggiano grattugiato, il prezzemolo, la ricotta e la soppressata. Adagiate il ripieno nella teglia foderata di pasta e iniziate a ricoprire pezzo per pezzo il ripieno con le sfoglie di pasta appese. Spennellare la superficie della pasta con l'uovo sbattuto e infornare. Cuocere per 1 ora.

g) Lasciar raffreddare per circa 10 minuti prima di tagliare e servire.

SALSE DI PASTA

70. Sugo Di Pasta Al Limone

Porzioni: 4

ingredienti

- 4 cucchiai di burro
- 1 tazza di panna da montare pesante
- 1 cucchiaio di succo di limone fresco
- 1 cucchiaino di scorza di limone
- 1 cucchiaino di scorza di lime grattugiata
- 1 tazza di brodo di manzo
- 10 once di pasta cruda

Indicazioni

a) In una buona casseruola o forse una padella abbastanza grande da contenere la pasta quando è cotta, incorporare il burro, la panna e il brodo di manzo o magari il brodo e cuocere a fuoco lento fino a quando non si sarà ridotto di circa il 50%. Mettere il succo di limone, la scorza di limone e lime e mettere da parte.

b) Portare a bollore una pentola capiente di acqua normale leggermente salata. Mettere la pasta e preparare il cibo per

8-10 minuti o fino al dente; drenare.
Condire la pasta al sugo; servire.

71. Pasta Nera al Gorgonzola

Porzioni: 6
ingredienti
- 1 (16 once) pasta al nero di seppia
- 1/4 di tazza di olio extravergine di oliva
- 3 scalogno ciascuno, tritato
- 5 spicchi d'aglio, tritati
- 1 bicchiere di vino bianco
- 1 tazza di brodo di pollo
- 8 once di gorgonzola, sbriciolato
- 1 lattina (6 once) di concentrato di pomodoro
- 5 (1/2 oncia) fette di prosciutto, tagliate a dadini
- sale e pepe nero appena macinato
- 1/4 tazza di parmigiano grattugiato
- 6 foglie di basilico fresco, tagliate a listarelle sottili

Indicazioni
a) Portare a bollore una pentola capiente di acqua leggermente salata. Mettere la

pasta e preparare il cibo per 8-10 minuti o fino al dente; drenare.

b) Scaldare l'olio che si trova in una padella grande a fuoco medio. Soffriggere lo scalogno e l'aglio fino a quando non saranno leggermente dorati.

c) Versare il vino e il brodo di pollame. Portare a bollore e unire il gorgonzola. Mettere il concentrato di pomodoro e il prosciutto; arrivare a bollore. Mescolare a metà e metà, ridurre il calore e cuocere a fuoco lento per cinque minuti. Aggiustare di sale e pepe. Metti la pasta e mescola per ricoprire uniformemente.

d) Preparare fino a quando la pasta non sarà ben riscaldata. Trasferire in un piatto da portata e guarnire con parmigiano e basilico.

72. Sugo Sostanzioso Di Zucchine

Porzioni: 6

ingredienti

- 1/2 libbra di carne macinata di manzo macinata magra
- 2 zucchine piccole tritate
- 1 cipolla tritata
- 3 spicchi d'aglio tritati
- 1 lattina di pomodoro schiacciato (28 once) pomodori schiacciati
- 1 lattina di salsa di pomodoro (15 once) salsa di pomodoro
- 2 cucchiai di sucanat (succo di canna da zucchero cristallizzato) o a piacere
- 1 cucchiaio di basilico basilico essiccato
- 1 cucchiaino di sale sale marino
- 1 cucchiaino di origano di origano essiccato
- 1/4 cucchiaino di pepe nero macinato di pepe nero

- 1 confezione di spaghetti (16 once) spaghetti integrali

- 1 gallone d'acqua

- 1 cucchiaio di sale

Indicazioni

a) Scalda una padella enorme a fuoco medio-alto. Cuocere e mescolare il manzo, le zucchine, la cipolla e l'aglio nella padella calda fino a quando il manzo è solitamente dorato e friabile, da 5 a 7 minuti; scolare ed eliminare il grasso.

b) Mescolare i pomodori schiacciati, la salsa di pomodoro, il sucanat, il basilico, il sale marino, l'origano e il pepe scuro nella combinazione di manzo. Portare a ebollizione, ridurre il calore al minimo e cuocere a fuoco lento fino a quando i sapori non si saranno amalgamati, almeno trenta minuti o almeno un'ora per un sapore migliore.

c) Mentre la salsa cuoce a fuoco lento, portare a bollore l'acqua potabile salata e preparare gli spaghetti secondo le linee guida del fascio.

d) Servire il sugo sulla pasta tiepida.

73. Sugo Di Acciughe E Olive

Porzioni: 5
ingredienti
- 4 cucchiai di olio d'oliva
- (2 once) lattina di acciughe confezionate sott'olio, sgocciolate
- spicchi d'aglio, tritati
- 1 cipolla media, tritata
- 1 lattina (4 1/4 - oncia) di olive nere tritate, scolate
- 20 olive verdi, affettate
- 2 cucchiaini di capperi, scolati
- 1 cucchiaino di basilico essiccato
- 2 cucchiaini di condimento italiano
- 1/2 cucchiaino di pepe nero
- 1 lattina (16 once) di pomodoro
- 1 lattina (6 once) di concentrato di pomodoro
- 3/4 di tazza d'acqua
- 1/2 tazza di marsala

- 1/2 cucchiaino di peperoncino in scaglie

Indicazioni
a) In una casseruola moderata incorporare l'olio essenziale di oliva e le acciughe.
b) Cuocere a fuoco medio, mescolando per schiacciare le acciughe, da tre a cinque 5 minuti.
c) Metti aglio e cipolla e cuoci finché sono teneri, cinque minuti circa.
d) Unire gli elementi rimanenti e far sobbollire senza coperchio, un quarto d'ora.

74. Sugo Di Pasta Di Olive Nere

Porzioni: 6

ingredienti

- 2 2/5 spicchi d'aglio (schiacciati e tritati)
- 1 1/5 cucchiaino di peperoncino fresco
- 150 ml di olio
- 270 g di pomodorini
- 1 1/5 pizzico di sale e pepe
- 1 1/5 cucchiaio di capperi
- 120 g olive nere (nocciolate e tagliate a metà)
- 1 1/5 cucchiaio di prezzemolo (tritato)

Indicazioni

a) Scaldare l'olio in una padella profonda, aggiungere l'aglio e il peperoncino e cuocere a fuoco medio fino a quando non saranno sicuramente dorati.

b) Sbucciare i pomodori e tritarli grossolanamente, metterli in padella e condire con sale e pepe, fare cuocere a fuoco minimo per circa 20 minuti o prima che la salsa si addensa.

c) Prima di servire aggiungere i capperi, le olive e il prezzemolo.

d) Servire con pasta cotta.

74. Salsa di pollo e pasta al mango

Porzioni: 4

ingredienti

- 8 once di pasta rigatoni crudi
- 1 cucchiaio di olio d'oliva, diviso
- 1 metà del petto, senza osso e pelle (vuota) s senza pelle, metà del petto di pollo disossato - tagliata a cubetti 1 cipolla, affettata e separata ad anelli
- 1 peperone verde, tagliato a listarelle sottili
- 3 spicchi d'aglio, tritati
- 1 cucchiaino di zenzero fresco, tritato
- 1 mango: sbucciato, privato dei semi e tritato
- 1 tazza di crema pesante
- 1 cucchiaino di sale e pepe a piacere
- 1 cucchiaio di parmigiano grattugiato
- 4 rametti di prezzemolo fresco, per guarnire

Indicazioni

a) Portare a bollore una pentola capiente di acqua potabile leggermente salata. Mettere i rigatoni, cuocere per 8 minuti, fino a quando non saranno quasi cotti, e scolare.
b) Scaldare 1/2 olio essenziale d'oliva in una padella grande a temperatura media. Metti il pollo nella padella e cuocili dieci
c) minuti, o finché i succhi non risulteranno chiari. Togliere dalla temperatura e mettere da parte.
d) Scaldare il resto dell'olio d'oliva trovato nella padella e fare la cipolla e il peperone verde finché sono teneri. Unire l'aglio, lo zenzero e il mango e continuare a cuocere e mescolare costantemente per cinque minuti, o fino a quando il mango è decisamente delicato. Mescolare gradualmente la crema grande nella padella e impiegare cinque minuti, finché non si addensa.
e) Ritorna il pollo in padella. Unire la pasta parzialmente preparata e condire con sale e pepe. Preparare e mescolare per 2 minuti, fino a quando i materiali saranno

ben amalgamati e la pasta sarà normalmente al dente. Il composto nel formaggio. Guarnire con prezzemolo per fornire.

75. Sugo Di Broccoli

Porzioni: 5

ingredienti
- 1 libbra di broccoli, tagliati a julienne
- 2/3 tazza di scalogno tritato
- 1/3 di tazza di burro
- 1 tazza metà e metà
- 1 cucchiaino di basilico essiccato
- 1 spicchio d'aglio, schiacciato fino a ottenere una pasta
- 1/2 tazza di parmigiano
- 1/2 tazza di gorgonzola, tagliato a cubetti
- 1 pizzico di pepe di Caienna
- 1 libbra di linguine, cotte al dente
- 1/3 di tazza di noci tritate finemente, leggermente tostate

Indicazioni

a) Cuocere i broccoli trovati in acqua bollente e salata per 3-4 minuti o finché non saranno teneri.

b) Scolare e rinfrescare sotto acqua potabile fredda e corrente e asciugare tamponando.

c) Cuocere lo scalogno trovato nel burro finché non si ammorbidisce; mettere

panna, basilico e aglio; far sobbollire, mescolando.
d) Aggiungere i formaggi e mescolare fino a quando non saranno ben amalgamati.
e) Mescolare i broccoli e il pepe di Caienna, sale e pepe a piacere e cuocere fino a quando non saranno ben riscaldati.
f) Servire la salsa sulle linguine e spolverizzare con le noci tostate.

76. Sugo Di Pasta Base

Porzioni: 5

ingredienti

- 1 (14 1/2-16 once) lattina di pomodoro tritato
- 1 lattina (6 once) di concentrato di pomodoro
- 1 dado di brodo di manzo o 1 dado di brodo di pollo
- 1/2 cucchiaio di condimento italiano
- 1 spicchio d'aglio tritato
- 1/2 cucchiaio di olio d'oliva
- 1/2 cucchiaio di parmigiano grattugiato
- 1 pizzico di pepe
- 1/8 cucchiaino di peperoncino in scaglie

Indicazioni

a) In una pentola media, soffriggere l'aglio in olio essenziale d'oliva, se lo si desidera. Nel caso in cui tu scelga di non farlo, continua con il secondo passaggio 2.

b) Unire tutti gli ingredienti a parte i fiocchi di peperone cremisi. Cuocere a fuoco medio fino a quando la salsa non bolle; schiacciare i pomodori durante la cottura a fuoco lento. Cuocere a fuoco lento fino a ottenere la consistenza

desiderata (ci vorrà più tempo senza concentrato di pomodoro).
c) Aggiungere i fiocchi di peperoncino rosso negli ultimi 5 minuti di cottura.
d) Servire sulla pasta più desiderata o congelare.

77. Sugo di pasta fatto in casa facile

Porzioni: 5

ingredienti

- 2 cucchiaini di olio d'oliva
- 1 cipolla media, tritata
- 2 cucchiai di aglio, tritato
- 2 barattoli di salsa di pomodoro (da 15 once) (puoi sostituire uno dei barattoli con pomodori schiacciati o stufati se ti piacciono i pezzi di pomodoro)
- 1 lattina (6 once) di concentrato di pomodoro
- 1 cucchiaino di origano secco
- 1 cucchiaino di rosmarino essiccato
- 1/2 cucchiaino di peperoncino tritato (può essere omesso se si preferisce)
- 3/4 cucchiaino di sale
- 1/4 di cucchiaino di pepe
- 1 cucchiaino di zucchero

Indicazioni

a) In una padella, scaldare l'olio essenziale d'oliva a fuoco medio.
b) Mettere la cipolla e soffriggere finché non diventa morbida. Metti l'aglio e fai per un altro minuto.
c) Mescolare trovato nei prodotti a base di pomodoro, origano, rosmarino, peperoncino tritato, sale e pepe. Modella la salsa e se vuoi aggiungi del glucosio.
d) Portare a bollore minimo, quindi ridurre il calore e cuocere a fuoco lento per circa 10 minuti, finché non si sarà addensato un po'. Utilizzare come desiderato.

78. Sugo Di Pasta Agrumi

Porzioni: 8

ingredienti

- 9 3/5 grandi pomodori maturi, tagliati in quarti, privati del torsolo e tritati
- 3 1/5 2 -4 cucchiai di olio d'oliva
- 6 2/5 spicchi d'aglio, pelati, tritati
- 4/5 di tazza di foglie di basilico lavate, essiccate e private del gambo, tritate
- 2/5 tazza di prezzemolo italiano, lavato e tritato
- 16 olive fresche, denocciolate e tritate (verdi o nere)
- 2/5 tazza di capperi
- 3 1/5 cucchiai di aceto balsamico
- 1 3/5 cucchiaino di scorza d'arancia grattugiata o 1 cucchiaino di scorza di limone sale e parmigiano reggiano al pepe nero appena macinato, da spolverizzare sulla pasta finita

Indicazioni

a) Unisci tutti gli ingredienti (tranne il formaggio) in una ciotola e mescola per unire.
b) Cuocere la pasta, condirla con il sugo, cospargere di formaggio.

79. Pizza e Sugo di Pasta

Porzioni: 5

ingredienti

- 1 lattina (29 once) di passata di pomodoro
- 12 once di birra
- 2 cucchiai di zucchero bianco
- 1 1/2 cucchiaino di aglio in polvere
- 1 1/2 cucchiaini di basilico essiccato
- 1 1/2 cucchiaini di origano essiccato
- 1 cucchiaino di sale

Indicazioni

a) Unire tutti gli ingredienti trovati in una casseruola.
b) Portare a ebollizione più che a fuoco medio-alto.
c) Ridurre il fuoco a medio-basso e cuocere a fuoco lento per trenta minuti.

80. Autentico Sugo Di Pasta Di Maiale

Porzioni: 5
ingredienti
- 2 cucchiai di olio d'oliva
- 2 libbre di costine di maiale, tagliate a metà o terzi a seconda delle dimensioni
- 1 cipolla media, tritata finemente
- 2 spicchi d'aglio, tritati
- 1 (28 once) può pomodoro prugna
- 1 lattina (6 once) di concentrato di pomodoro
- 6 once di acqua
- 1 cucchiaino di sale
- 1/2 cucchiaino di pepe
- 1/4 cucchiaino di origano secco
- 1/2 cucchiaino di aglio in polvere
- 1 1/2 cucchiaino di semi di finocchio

Indicazioni
a) Costolette rosolate su olio.

b) Togliere le costole dall'olio essenziale e soffriggere le cipolle e l'aglio fino a renderli trasparenti.
c) Aggiungere i pomodori e l'acqua potabile.
d) Alzare la fiamma e far bollire la salsa, unendo di tanto in tanto per non bruciare il fondo.
e) Riduci il calore e fai sobbollire senza coperchio per 2 ore finché la carne non si staccherà definitivamente dalle ossa.

81. Sugo per pasta in 30 minuti

Porzioni: 5

ingredienti

- 1/4 di tazza di olio d'oliva
- 1 pizzico di peperoncino in scaglie
- 1 pizzico di semi di finocchio (facoltativo)
- 6-10 spicchi d'aglio, tritati
- 1 barattolo di pomodoro (28 once), con il succo, tritato (io lo faccio con un paio di forbici)
- 2 cucchiaini di basilico essiccato
- 2 cucchiaini di maggiorana essiccata
- 1 cucchiaino di origano secco
- 1 pizzico di sale

Indicazioni

a) Scaldare l'olio in una padella capiente.
b) Mettere il peperone, il finocchio e l'aglio e far rosolare poco prima che l'aglio sia dorato (non proprio marrone!).
c) Mettere i pomodori con il loro succo, le erbe aromatiche e il sale.

d) Mescolare per amalgamare, portare a bollore eccellente, abbassare la fiamma e far cuocere, senza coperchio, per circa 20 minuti.
e) Amalgamare con la pasta cotta e servire.

82. Sugo Di Pasta Di Carote

Porzioni: 5
ingredienti
- 1 cipolla bianca piccola
- 1 carota, grattugiata finemente circa una tazza
- 1 1/2 cucchiai di salsa di soia tamari o 1 1/2 cucchiai di salsa di soia
- 3 cucchiai di olio extravergine di oliva
- 2 cucchiai di parmigiano
- 1 cucchiaio di prezzemolo fresco, per guarnire
- 1 cucchiaio di semi di girasole tostati
- 8 once di penne (o pasta a scelta)

Indicazioni

a) Tritare bene le cipolle e farle appassire in una padella con l'olio essenziale per una decina di minuti. Mettere le carote grattugiate e far cuocere per altri 5-8 minuti aggiungendo la vostra salsa di soia e qualche cucchiaio di acqua della pasta per mantenere il sugo ben umido. Quando è pronto frullare la salsa in un frullatore a palmo e rimetterla nella padella.

b) Per il momento cuocete la pasta come indicato e prima di scolarla conservate un paio di cucchiai della sua acqua. Metti la pasta nella padella e mescola fino a quando non è ben amalgamata.

c) Servire la pasta condita con semi di girasole, prezzemolo, parmigiano e un giro di olio essenziale d'oliva.

83. Sugo Di Carciofi Spinaci

Porzioni: 8
ingredienti
- 1/2 (13,5 once) di spinaci tritati
- 1 vasetto (16 once) salsa Alfredo
- 1 scatola (14 once) di cuori di carciofo, scolati e tritati
- 1/2 tazza di mozzarella grattugiata
- 1/3 tazza di parmigiano grattugiato
- Confezione da 1/4 (8 once) di formaggio cremoso, ammorbidito
- 2 spicchi d'aglio, tritati
- 1 pomodoro Roma, tagliato a dadini
- 1/2 tazza d'acqua

Indicazioni
a) Tagliare a dadini gli spinaci nel robot da cucina.
b) Sbattere in una pentola gli spinaci, la salsa Alfredo, i cuori di carciofo, la mozzarella, il parmigiano, la crema di formaggio, l'aglio e il pomodoro.

84. Sugo Di Pasta Di Zucca

Porzioni: 4
ingredienti
- 2 tazze di zucca zucca, tagliata a cubetti
- 1 cucchiaio di olio d'oliva olio d'oliva
- 1 cucchiaio di burro
- 1/3 di tazza di cipolla tritata finemente
- 3 spicchi d'aglio tritati
- 1/3 di mela sbucciata e tritata
- 1 tazza di brodo di pollo brodo di pollo
- 1/3 tazza di latte
- 1/3 tazza di formaggio Miscela di formaggi italiani (Parmigiano, Asiago e Romano)
- 1 pizzico di sale di pepe nero e pepe nero macinato a piacere

Indicazioni

a) Metti la zucca in una casseruola, copri con acqua e porta a bollore.

b) Cuocere a fuoco lento la zucca fino a renderla estremamente tenera, da 15 a 20 minuti. Scolare l'acqua potabile in eccesso. La zucca preparata dovrebbe equivalere a 2 tazze.

c) Scaldare l'olio d'oliva essenziale e il burro in una buona padella a temperatura medio-bassa e fare la cipolla, l'aglio e la mela, mescolando spesso, finché non saranno ammorbiditi e dorati, per circa un quarto d'ora.

d) Metti la zucca e il brodo di pollame e porta a ebollizione a temperatura media. Ridurre il fuoco solo a bollore e unire il latte e il formaggio.

e) Mescolare prima che il formaggio si sciolga e la salsa abbia già raggiunto la densità desiderata, da 5 a dieci minuti.

85. Sugo Di Pasta Ai Funghi

Porzioni: 5
ingredienti

- 1/3 di tazza di olio d'oliva (o usa abbastanza salsa per ricoprire il fondo della padella)

- 3 cucchiaini di basilico essiccato

- 3 cucchiaini di origano

- 1-2 cucchiaini di peperoncino essiccato in scaglie (o a piacere)

- 1 foglia di alloro grande

- 1 cipolla media, tritata finemente

- 6 spicchi d'aglio, cucchiai tritati finemente (oa piacere, mi piace tanto aglio!)

- 1 lattina (6 once) di concentrato di pomodoro

- 1 libbra di carne macinata magra

- Salsiccia italiana da 1/2 libbra, senza budello

- 1/2 bicchiere di vino rosso secco

- 1 lattina (28 once) di pomodoro schiacciato

- 1 lattina (8 once) salsa di pomodoro

- 1 1/2 tazze di brodo di manzo di buona qualità

- 3/4 lb di funghi champignon (o usa un paio di lattine di funghi sgocciolati interi, ma freschi è meglio!)

- 1-2 cucchiaini di zucchero bianco

- 1 cucchiaio di salsa Worcestershire (o a piacere)

- 1 cucchiaio di sale (o per gustare un buon sugo di pomodoro serve molto sale)

- 1 cucchiaino di pepe nero macinato fresco parmigiano grattugiato fresco

Indicazioni

a) In un forno olandese scaldare l'olio, dopodiché aggiungere il basilico, l'origano, i fiocchi di peperoncino, l'alloro e la cipolla; soffriggere, mescolando con un cucchiaio di legno per

circa 4 minuti (questo scaricherà i sapori nelle spezie).
b) Aggiungere l'aglio e preparare per 2 minuti.
c) Unite il concentrato di pomodoro e preparate a mescolare con un cucchiaio di legno per 2 minuti.
d) Aggiungere la carne macinata e la salsiccia; cuocere fino a doratura molto ben (una decina di minuti) scolare l'eventuale grasso.
e) Aggiungere il vino e far sobbollire per 2-3 minuti, mescolando.
f) Aggiungere i pomodori pelati, la salsa di pomodoro, il brodo di carne, i funghi, lo zucchero, 2 cucchiai di sale, la salsa Worcestershire; portare a ebollizione, abbassare la temperatura e far sobbollire parzialmente protetto per circa 2 ore (oppure si può cuocere a fuoco lento più a lungo).
g) Condire con pepe nero.
h) Eliminate la foglia di alloro e mettete sopra la pasta ben calda, poi spolverizzate con abbondante parmigiano grattugiato.

i) Sugo Di Pasta Primavera

Porzioni: 5
ingredienti
- 1 (14 1/2 - oncia) di pomodoro a cubetti
- 1 lattina (6 once) di concentrato di pomodoro
- 3/4 tazza di cimette di broccoli freschi
- 3/4 tazza di carota affettata sottilmente
- 3/4 di tazza di cipolla affettata
- 1/2 tazza di zucchine, tagliate a pezzi
- 1/2 tazza di peperone verde affettato
- 1/2 tazza di peperone rosso, affettato
- 2 spicchi d'aglio, tritati
- 2 foglie di alloro
- 1 cucchiaio di olio d'oliva
- 1/2 cucchiaino di basilico essiccato
- 1/2 cucchiaino di rosmarino essiccato
- 1/2 cucchiaino di origano essiccato
- 1/2 cucchiaino di timo essiccato

- 1 1/2 cucchiaino di sale
- 1/4 cucchiaino di pepe nero macinato
- 1 cucchiaino di zucchero bianco
- 1/2 tazza d'acqua

Indicazioni

a) In una pentola enorme incorporare unire tutti gli ingredienti Ognuno di loro insieme in una volta!
b) Riscaldare solo fino all'ebollizione, coprire e ridurre la temperatura per far sobbollire.
c) Cuocere finché tutte le verdure non saranno tenere, circa 45 minuti.
d) Mescolare di tanto in tanto.
e) Servire con pasta cotta a scelta!

86. Salsa Alfredo Classica

Porzioni: 2
ingredienti
- 3 cucchiai di burro
- 8 once fluide di panna da montare pesante
- sale qb
- 1 pizzico di noce moscata macinata
- 1/4 tazza di parmigiano grattugiato
- 1/4 tazza di formaggio Romano grattugiato
- 1 tuorlo d'uovo
- 2 cucchiai di parmigiano grattugiato

Indicazioni
a) Sciogliere il burro o la margarina in una buona casseruola a temperatura medio-alta. Metti la panna pesante, mescolando continuamente. Unire il sale, la noce moscata, il parmigiano grattugiato e il formaggio romano grattugiato.
b) Mescolare continuamente fino a quando non si sarà sciolto, in tal caso unire al tuorlo d'uovo.

c) Cuocere a fuoco medio-basso per tre o cinque minuti.
d) Guarnire con altro parmigiano grattugiato, se lo si desidera.

87. Pollo E Sugo Di Pasta

Porzioni: 5

ingredienti
- 3 cucchiai di burro o 3 cucchiai di olio d'oliva
- 4 petti di pollo, tagliati, spellati e disossati
- 2 cucchiai di farina
- 1 tazza di brodo di pollo
- 1/2 tazza metà e metà
- 2 cucchiai di senape di Digione
- 2 pomodori, tagliati a spicchi o 2 pomodori in scatola, scolati
- 2 cucchiai di prezzemolo fresco tritato
- 1 tazza di piselli surgelati
- 2 cucchiai di capperi in scatola

Indicazioni

a) Sciogliere il burro o l'olio essenziale d'oliva in una padella capiente.
b) Unire i petti di pollo e cuocere fino a quando non saranno finiti e leggermente dorati, circa 20 minuti.
c) Rimuovere il pollame su un bel piatto da portata.

d) Mescolare la farina nella sgocciolatura della padella trovata in una padella, cuocere per 1 minuto.
e) Aggiungere il brodo di pollo, metà e metà.
f) Mescolare e cuocere prima che la salsa si addensi e bolle, aggiungere la senape, i capperi e i piselli surgelati.
g) Riporta il pollame nella padella, passa sopra e scalda per dieci minuti.
h) Guarnire con i pomodori e cospargere di prezzemolo.
i) In genere serviamo con tortellini o forse altra pasta e andiamo con salsa extra di Digione.

88. Sugo Di Pasta Di Cocco, Zucca

Porzioni: 5
ingredienti
- 1 cucchiaio di olio vegetale
- 1 cipolla
- 1 cucchiaio di zenzero fresco
- 500 g di zucche, a dadini
- 100 ml di brodo di pollo
- 1 410 lattina 1 (410 ml) di crema di cocco
- sale e pepe

Indicazioni
a) Tritare la cipolla e tritare finemente lo zenzero.
b) Scaldare l'olio e soffriggere la cipolla e lo zenzero senza farli dorare.
c) Metti la zucca e mescola per 2 minuti.
d) Metti acqua sufficiente per passare semplicemente sopra la zucca e preparare il cibo prima che la zucca sia morbida.
e) Metti la crema di cocco e l'inventario e mescola accuratamente.

f) Utilizzando un frullatore o uno stampo, frullare fino ad ottenere un composto liscio.

89. Salsa Di Olio D'Oliva E Peperoni Rossi

Porzioni: 6

ingredienti
- 3/5 tazza di olio extravergine di oliva
- 3 3/5 spicchi d'aglio, tritati
- 3/10 tazza di acqua di cottura della pasta
- 3/5 cucchiaini di peperoncino tritato
- 1 1/2 cucchiaino di sale kosher
- 1 1/5 tazza di prezzemolo fresco a foglia piatta, tritato grossolanamente

Indicazioni

a) Scaldare l'olio in una pentola capiente a fuoco medio. Mettere l'aglio e farlo cuocere, mescolando, per 30 secondi, facendo attenzione che in genere non prenda colore.

b) Mettere l'acqua della pasta, il peperoncino, il sale e il prezzemolo e portare a bollore.

c) Condite con la pasta cotta.

90. Salsa di pasta casalinga

Porzioni: 5

ingredienti

- 1 cipolla media
- 2 spicchi d'aglio
- 1 cucchiaio di olio vegetale (facoltativo)
- 1 libbra di carne macinata
- 1 carota grande
- 1 zucchina grande
- 1 peperone
- 2 tazze di funghi champignon tagliati in quattro (facoltativo)
- 1/2 cucchiaino di sale
- 1 cucchiaino di basilico
- 1 cucchiaino di origano
- 4 tazze di pomodori pelati
- 2 cucchiai di concentrato di pomodoro
- 1 cucchiaio di tabasco (facoltativo)

Indicazioni

a) Mettere a bollire una pentola capiente di acqua normale salata e fare la quantità necessaria di pasta.
b) Nel frattempo mondate e tritate la cipolla e l'aglio.
c) Mondate e grattugiate la carota; grattugiare le zucchine.
d) Preparate i funghi e il pepe se lo desiderate.
e) Mettere le carni in una padella molto ampia, con l'olio essenziale se le carni sono abbastanza magre, e friggerle, spezzettandole, fino a doratura.
f) Quando è a metà cottura, aggiungere la cipolla e continuare la preparazione del cibo fino a quando non è rimasto rosso nella carne e la cipolla è traslucida.
g) Mescolare l'aglio nella carne per un minuto, quindi aumentare la carota e le zucchine grattugiate e il pepe e i funghi se utilizzati. Mescolare bene.
h) Continuate la cottura, mescolando spesso per un paio di minuti prima che le verdure diventino delicate. Condite con il sale, il basilico e l'origano.

i) Mescolare trovato nei pomodori schiacciati e il concentrato di pomodoro.
j) Abbassate il fuoco e fate sobbollire fino a quando non sarà ben amalgamato.
k) Mescolare trovato nella salsa Tabasco e servire sopra la pasta calda.

91. Manzo Lo Mein

Porzioni: 4

ingredienti

- Confezione da 1 (8 once) di spaghetti
- 1 cucchiaino di olio di sesamo scuro
- 1 cucchiaio di olio di arachidi
- 4 spicchi d'aglio, tritati
- 1 cucchiaio di radice di zenzero fresca tritata
- 4 tazze di verdure miste
- Bistecca di fianco da 1 libbra, affettata sottilmente
- 3 cucchiai di salsa di soia a ridotto contenuto di sodio
- 2 cucchiai di zucchero di canna
- 1 cucchiaio di salsa di ostriche
- 1 cucchiaio di pasta del Cile asiatico con aglio

Indicazioni

a) Portare a bollore una pentola capiente di acqua normale leggermente salata. Fare gli spaghetti nell'acqua normale bollente fino a quando non saranno preparati ma l'organizzazione al boccone, circa 12 minuti; scolare e trasferire in una ciotola capiente. Condire gli spaghetti con un filo di olio essenziale di sesamo; lanciare per ricoprire. Metti un piatto sopra la ciotola per mantenere con cura le tagliatelle calde.

b) Scaldare l'olio essenziale di arachidi in un wok o forse una padella grande a fuoco medio-alto. Cuocere e mescolare l'aglio e lo zenzero in olio bollente fino a quando non saranno fragranti, circa 30 secondi. Aggiungere nella padella la frutta e la verdura frullate; fare e mescolare finché un po' tenero, circa tre minuti. Mescolare la bistecca al composto di verdure; preparare e mescolare prima che la carne sia pronta, circa cinque minuti.

c) Frullare la salsa di soia, lo zucchero di canna, la salsa di ostriche e la pasta di Cile insieme in una piccola ciotola; versateci sopra gli spaghetti. Versare la combinazione di spaghetti e salsa nel wok

con la frutta, la verdura e la bistecca;
fare e mescolare prima che gli spaghetti
siano caldi, 2-3 3 minuti.

92. Pasta alla puttanesca in una pentola

Porzioni: 6
ingredienti
- 1 vasetto (24 once) salsa tradizionale abbondante
- 2 tazze d'acqua
- Confezione da 1 (8 once) di spaghetti crudi
- 1 barattolo (14 once) di cuori di carciofo in quarti
- 4 once di olive nere kalamata snocciolate e tagliate a metà
- 2 cucchiai di capperi
- 3 spicchi d'aglio, tritati
- 1 tazza di pomodoro d'uva tagliato a metà
- 2 cucchiaini di peperoncino tritato
- 2 cucchiai di prezzemolo fresco tritato

Indicazioni
a) Unire la salsa e l'acqua in una pentola capiente. Spezzate gli spaghetti in due

(se volete) e metteteli nella pentola. Portare a bollore, mescolando spesso.

b) Mescolare i cuori di carciofo, le olive kalamata, i capperi, l'aglio, i pomodori a grappolo, le scaglie di peperoncino tritato e il prezzemolo. Ridurre la temperatura alta a medio-bassa, andare oltre e cuocere a fuoco lento fino a quando la pasta non sarà certamente cotta alla tenerezza desiderata, da 8 a dieci minuti, mescolando spesso.

c) Togliere dal fuoco e servire caldo. Guarnire con altro prezzemolo fresco e pepe di colore rossastro se lo si desidera.

93. Sugo Di Pasta Di Pollo

Porzioni: 5
ingredienti
- 2 libbre di pollo fritto (tagliato)
- 4 grandi peperoni rossi dolci (tagliati a listarelle)
- 2 cipolle medie (affettate sottili)
- 1 lattina (28 once) di passata di pomodoro
- 1 cucchiaio di olio di canola
- 2 cucchiai di basilico essiccato
- 2 cucchiai di origano secco
- 2 cucchiai di prezzemolo italiano (tritato)
- 6 spicchi d'aglio fresco (tagliato a fettine sottili)
- 2 cucchiaini di sale
- 1/2 cucchiaino di peperoncino in scaglie

Indicazioni
a) Lavare, tagliare a pezzetti di pollo; tampona con carta assorbente.

b) Condire con 1 cucchiaino. sale; accantonare.

c) In una casseruola capiente, scaldare l'olio e far rosolare la cipolla e l'aglio. Metti i pezzi di pollo con la pelle rivolta verso il basso e leggermente marrone scuro.

d) Aggiungere i bei peperoni, la passata di pomodoro, il basilico, l'origano, il prezzemolo, il sale e le scaglie di pepe.

e) Coprire e cuocere a fuoco medio-basso sul fornello per 1-1/2 ora.

f) In questa ricetta l'acqua proviene dalla cottura dei peperoni e del pollo che diluisce la purea senza aggiungere liquidi.

g) Tuttavia, se la salsa diventa anche densa durante la cottura, aumentare 1/2 lattina di acqua (o vino) normale un po' alla volta fino a quando la sua consistenza è normalmente di vostro gradimento.

94. Sugo Di Fichi Freschi E Prosciutto

Porzioni: 4

ingredienti

- 2 cucchiai di burro
- 2 cucchiai di farina per tutti gli usi
- 1/2 cucchiaino di sale
- 1 tazza di latte
- 6 fette sottili di prosciutto, tagliate a listarelle sottili
- 6 fichi freschi ciascuno, privati del gambo e tagliati in quarti
- 1 cucchiaio di scorza di limone
- 1/4 cucchiaino di condimento al limone e pepe, o a piacere

Indicazioni

a) Scaldare il burro che si trova in una buona casseruola a fuoco basso; mescolare costantemente la farina nel burro fuso fino a ottenere un composto liscio e spumeggiante, da 2 a 4 minuti. Aggiungere il sale; mescolare per mescolare. Togliere dal fuoco; mescolare lentamente ma inesorabilmente nel latte fino a che liscio.

b) Riportare la salsa leggera sul fornello; arrivare a bollore. Abbassate il fuoco e fate sobbollire a fuoco basso.

c) Cuocere e mescolare il prosciutto e i fichi trovati in una padella antiaderente a fuoco medio fino a quando non saranno caldi, circa cinque minuti. Mescolare la scorza di limone e il condimento al pepe di limone nella salsa bianca brillante. Servire i fichi e il prosciutto in cima alla salsa.

95. Sugo di pasta feta e pancetta

Porzioni: 4

ingredienti

- 8 fette di pancetta, tritate
- 2 porri porri, affettati
- 1 cucchiaio di burro
- 1/4 tazza di farina per tutti gli usi
- 2 tazze di latte
- 8 once di formaggio feta, sbriciolato
- 1 pizzico di pepe nero macinato a piacere

Indicazioni

a) Mettere la pancetta trovata in una padella capiente a temperatura medio-alta. Fate soffriggere per un paio di minuti, in tal caso aggiungete i porri. Preparare e mescolare fino a quando la pancetta non sarà nitida e i porri saranno teneri. Accantonare.

b) Sciogliere il burro in una buona casseruola a temperatura medio-alta. Sbattere insieme la farina e il latte, quindi versare nella casseruola con il burro. Portare a bollore e cuocere, mescolando regolarmente, fino a quando non si addensa.

c) Togliere dal fuoco e unire la feta. Unire la pancetta e i porri, quindi condire con pepe a piacere. Servire sulla pasta selezionata.

96. L'amnesia della pasta

Porzioni: 4

ingredienti

- 2 confezioni (8 once) di linguine di pasta fresca
- 1 tazza di crema
- 4 once di salmone affumicato, tritato
- 1 pizzico di noce moscata appena grattugiata
- 1 pizzico di pepe nero macinato, o a piacere
- 1 1/2 cucchiai di caviale nero
- 1 mazzetto di prezzemolo a foglia piatta tritato

Indicazioni

a) Portare a ebollizione una pentola capiente di acqua normale leggermente salata. Mettere la pasta e preparare il cibo fino al dente, circa tre o quattro minuti. Drenare.

b) Nel frattempo mettete la panna in un pentolino, a fuoco medio-basso. Unire il salmone affumicato e, se lo si desidera, condire con noce moscata e pepe scuro. Mescolare spesso fino a quando non si addensa.

c) Mettere la pasta scolata in un'ampia ciotola da portata. Versare la salsa di panna sulla pasta, e mettere il caviale. Mescolare leggermente fino a quando alcune delle offerte di caviale si rompono e colorano leggermente la pasta.

d) Servire subito con una spolverata di prezzemolo.

97. Sugo Di Pasta Con Pancetta

Porzioni: 5

ingredienti

- 6 cucchiai di olio d'oliva
- 2 cucchiai di burro non salato
- 2 once di pancetta o 2 once di pancetta
- 3 cipolle, affettate sottilmente
- 1/2 cucchiaino di peperoncino in scaglie
- 1 libbra di pomodoro, in scatola
- 8 foglie di basilico fresco medio
- formaggio Parmigiano

Indicazioni

a) Mettere l'olio essenziale e il burro in una padella capiente a temperatura media; mettere la pancetta e le cipolle.
b) Quando le cipolle iniziano a dorarsi con cura aggiungere il peperoncino, i pomodori, il basilico e un pizzico di sale.
c) Preparare la salsa per circa 15 minuti prima che i sapori siano ben amalgamati.
d) Nel frattempo preparate i bucatini al dente.

e) Condite la pasta con il sugo e spolverizzate generosamente con il formaggio.

98. Sugo Di Pasta Al Pomodoro Verde

Porzioni: 6
ingredienti
- 3/10 di tazza di olio extravergine di oliva
- 14 2/5 pomodori verdi medi, tagliati a fette
- sale kosher
- Pepe nero macinato
- 7 spicchi d'aglio 1/5, tritati
- 28 4/5 foglie di basilico fresco
- linguine da 1 1/5 libbre
- 3/5 tazza di parmigiano, grattugiato fresco

Indicazioni
a) Preriscaldare il forno a 300F.
b) Spruzzare un'enorme teglia poco profonda con olio essenziale per alimenti da cucina. Disporre i pomodori nella teglia e condire con sale e pepe. Irrorate con l'oliva.
c) Cuocere senza coperchio finché i pomodori non si ammorbidiscono relativamente, circa 25 minuti.

d) In un mini robot da cucina, tritare insieme l'aglio e il basilico. Cospargere l'aglio/il basilico insieme ai pomodori.
e) Coprire con un foglio e cuocere fino a quando non sarà morbido e leggermente caramellato, altri 25 minuti.
f) Sfornare e mettere in un robot da cucina o in un frullatore. Frullate più volte, ma mantenete la salsa grossa. Passare la casseruola per riscaldare e mettere il pollame cotto se lo si desidera
g) Servire più della pasta cotta calda e meglio con appena fresca

99. Salsa di avocado per la pasta

Resa: 1 porzione

Ingrediente
- 1 oncia di burro
- Da 2 a 3 cipollotti, parti verdi e bianche, tritare
- 1 cucchiaino di scorza d'arancia grattugiata
- 1 cucchiaino di scorza di limone grattugiata
- ½ cucchiaino di coriandolo macinato
- 6 once fluide Oz Single (Light) Cream
- 3 cucchiai di yogurt bianco
- Sale e macinato fresco
- Pepe Nero -- a piacere
- Da 2 a 3 avocado

Indicazioni

a) Sciogliere il burro in una casseruola, aggiungere i cipollotti e saltare in padella per 1 minuto.

b) Quindi aggiungere la scorza di arancia e di limone e il coriandolo. Togliete dal fuoco mentre preparate la panna e lo yogurt. Versare la panna in una ciotolina e aggiungere lo yogurt, il sale e il pepe. Mescolare bene fino a che liscio.

c) Sbucciare, nocciolare e tritare gli avocado (la dimensione dei pezzi è una preferenza personale, ma di solito li tagliamo a cubetti di circa 1 $\frac{1}{2}$ cm). Aggiungere l'avocado agli ingredienti nella padella, versare sopra la miscela di yogurt e scaldare molto dolcemente.

d) NON BOLLIRE o gli avocado diventeranno mollicci e la salsa si rapprenderà. Versare sulla pasta, saltare e servire subito.

100. Sugo di Calcutta

Resa: 1 lotto

Ingrediente
- 2 cucchiai di burro
- 1½ cucchiaio di semi di cumino; schiacciato
- 1 cucchiaio di paprika
- 3 spicchi d'aglio; tritato
- 2 cucchiai di radice di zenzero fresca; tritato
- 2 Jalapeños; senza semi e tritati
- 3½ tazza di pomodori freschi o in scatola tritati
- 1 cucchiaino di cardamomo; terra
- ½ cucchiaio di Garam masala
- ½ tazza di yogurt bianco
- ½ tazza di panna
- ¼ tazza di coriandolo fresco; tritato

Indicazioni

a) Soffriggere il cumino, la paprika, l'aglio, la radice di zenzero e i jalapeños nel burro fino a doratura e fragrante, circa 5 minuti. Aggiungere i pomodori, il cardamomo e il garam masala.

b) Cuocere a fuoco lento fino a quando non si addensa, da 30 a 60 minuti.
c) Aggiungere lo yogurt, la panna e il coriandolo facoltativi.
d) Scaldare, ma non far bollire. Servire sul cous cous o sulla pasta.

CONCLUSIONE

Con l'aiuto e la guida di queste ricette dettagliate, svilupperai un senso per la consistenza della pasta che stai cercando. Puoi sempre aggiungere un po' d'acqua in più o un uovo in meno quando l'impasto lo richiede. Imparerai a lavorare con gli occhi e le mani insieme, anche senza istruzioni. Una volta che l'impasto è a posto, puoi usare il palmo della tua mano per piegarlo su se stesso e premere, piegare e pressare, fino a renderlo liscio e uniforme!

www.ingramcontent.com/pod-product-compliance
Lightning Source LLC
Chambersburg PA
CBHW071802080526
44589CB00012B/644